독립의군부의 지도자
임병찬

독립의군부의
지도자
임병찬

| 홍영기 지음 |

임병찬林炳瓚(1851~1916)은 매우 독특한 인물이라 할 수 있다. 송상도宋相燾(1871~1946)는 『기려수필騎驢隨筆』에서 그를, "공은 스스로 일변一變하여 향리가 되었고, 이변二變해서 군수가 되었으며, 삼변三變하여 학자가 되었고, 사변四變하여 의병이 되었다. 용龍이 아니라면 어찌 그럴 수 있겠는가"라고 평하였다. 송상도는 그를 용에 비유하면서 『주역周易』에 나오는 건괘乾卦의 육효六爻의 의미를 다시 부연하여 설명하였다. 요컨대, 그의 생활이 범상치 않았음을 보여준 셈이다.

흔히 『주역』의 건괘는 용이 승천하는 기세로 왕성한 기운이 넘치는 남성적인 기상을 표현한 것이라 한다. 『주역』에서는 특히 이 기운의 운세를 단계별로 용에 비유했는데, 그 첫 단계가 잠룡潛龍이다. 잠룡은 연못 깊숙이 자리잡고서 덕을 쌓으며 때를 기다리는데, 임병찬의 첫 번째 변화一變로서 향리가 된 시기를 잠룡에 비유한 것이다.

다음은 현룡見龍의 단계인데, 깊은 연못에서 땅 위로 올라와 중용의 도와 선을 행하고 덕을 널리 펴서 백성을 감화시킴으로써 군주의 신임을 얻는 것이다. 이때 그는 두 번째로 변화하여 군수가 되어 세상을 교

화하는 임무를 훌륭히 수행했다는 것이다. 그 다음은 비룡飛龍의 단계로
서 제왕의 지위에 오르는 것을 의미하므로 그의 활동과는 거리가 멀다.
따라서 그의 세 번째 변화는 학자가 된 것이니, 매사에 근심하고 두려워
하는 척약惕若의 학자가 되어 진리를 탐구하는 학문을 닦고 덕성을 기르
기 위해 노심초사 노력했다는 것이다.

　그는 맹자가 말한 전혀 마음이 흔들리지 않은 부동심不動心의 단계에
이르는 학자를 지향하였다. 이렇듯 항상 '척약'하는 마음을 갖는 학자라
면 유종의 미가 있을 것이다. 사실, 송상도는 임병찬이 세 번째로 변하
는 단계를 학자라고 서술했으나, 흔히 군자로 지칭된다. 『주역』의 「건괘
문언전」 '구삼九三' 효에 보면 "군자란 하루 종일 부지런히 힘쓰고 저녁
에 두려워하니 위태롭더라도 허물은 없다고 했는데 무슨 뜻입니까?(九三
曰君子終日乾乾 夕惕若厲无咎 何謂也)"라는 구절이 나온다. 즉 하루 종일
스스로 온 힘을 다해 힘써 노력하고도 저녁에 '오늘 잘못한 것은 없었는
가?' 두려워하고 반성하기 때문에, 위태로운 처지에 놓인다고 하더라도
잘못한 것이 없다는 말이다. 송상도가 임병찬을 굳이 군자라고 하지 않

있는지는 잘 알 수 없다. 하지만 군자는 모든 사람이 지향해야 할 당연한 목표일 것이다. 따라서 여기서의 학자는 유학, 더 좁게는 성리학자의 길을 갈고 닦는다는 의미가 아닐까 한다.

끝으로 네 번째 변화는 임병찬이 의병으로 활동했던 시기인데, 송상도는 이 시기를 혹약或躍으로 표현하였다. 의병으로서 변함없이 활약했다는 의미일 것 같다. 이처럼 네 번의 변화를 주도적으로 이끌어간 임병찬에 대해 우리의 인식은 어느 자리에 머물러 있을지 궁금하다. 우리는 대체로 네 번째 단계인 의병으로서의 임병찬의 활동에 주목해왔던 것 같다. 특히, 그의 독립의군부에서의 위상과 활동에 초점을 맞추어 왔음은 기왕의 연구 성과에 잘 드러나 있는 편이다.

이제 그의 생애를 일대기적 차원에서 재조명하여 독립운동상 그의 역사적 위상을 모색해보고자 한다. 다행히 그의 다양한 면모를 살필 수 있는 여러 종류의 일기류가 전해진다. 그의 일기류는 모두 다섯 종류인데 『돈헌유고遯軒遺稿』(1957)에 수록되어 있다.

1906년 전북 태인에서 최익현과 함께 의병을 일으킨 전말을 알려주는 「병오창의일기丙午倡義日記」, 일본의 대마도에 감금당한 시기에 쓴 「대마도일기對馬島日記」, 대마도에 감금되었다가 환국하는 과정을 전해주는 「정미환국일기丁未還國日記」, 독립의군부獨立義軍府를 결성하는 과정을 보여주는 「갑인거의일기甲寅擧義日記」, 그리고 거문도 유배기에 작성한 「거문도일기巨文島日記」가 그것이다. 이 외에도 「병진초종일기丙辰初終日記」가 있는데, 거문도에서 순국한 임병찬을 운구하는 과정과 장례에 관한 내용이다. 그의 일기가 처음부터 이처럼 체계적으로 정리되지는 않았을 것이다. 그의 문집을 편찬하는 과정에서 일기만을 별도로 묶어 제6권으로 정리된 것으로 보인다. 『돈헌유고』는 1986년에 『의병항쟁일기』(한국인문과학원)란 이름으로 간행되었다. 그의 순국 70주년을 기념하여 복간한 것이다. 이 책에는 임병찬의 아들인 응철應喆의 문집인 『일말집一末集』이 말미에 수록되어 있다.

올해는 임병찬이 절해고도 거문도에서 순국한지 100주년이 되는 해이다. 그의 활동을 재조명할 기회를 갖게 된 점은 영광이나, 그의 다양한 면모를 정확히 밝혔는지 두려울 따름이다. 가르침을 바란다.

2016년 12월

홍영기

가난을 극복한 뛰어난 재능

향리의 길에 나서다

임병찬은 1851년 음력 2월 5일(이하 음력) 전북 옥구군 서면 상평리 남산 마을에서 태어났다. 그의 본관은 평택平澤, 호는 돈헌遯軒, 자는 중옥中玉이었다. 아버지는 남곡南谷 임용래林瑢來, 어머니는 개성왕씨開城王氏였는데, 부친은 옥구의 향리로 활동했으며, 종조부도 향리였던 점으로 보아 임병찬 집안은 옥구의 대표적인 이족吏族이었다.

사실, 조선 후기 이후 전라도 향리의 위세는 대단하였다. 19세기 후반에 이르러 흥선대원군은 전라도 향리들을 조선의 3대 폐단의 하나로 지목했을 정도였다. 당시 전라도의 향리들은 무엇보다 여러 가지 방법으로 막대한 재산을 모을 수 있었다. 뿐만 아니라 수령을 대신하여 권세를 부렸으며, 군역을 피하고 신분 상승의 기회도 많아졌다. 이로 인해

임병찬이 태어난 현재의 전북 군산시 옥구읍 상평리 남산마을 전경

향리직을 서로 차지하기 위해 온갖 수단과 방법이 동원됨으로써 경쟁이 치열하였다. 심지어 서울의 고관대작에게 줄을 대어 엽관운동을 전개하여 향리직을 매득買得한 경우도 적지 않았다. 그래서인지 전주에서는, '수령은 향리만 못하다(官不如吏)'는 말이 유행했다고 한다. 실제로 대놓고 수령을 무시하는 전주 감영의 아전들도 있었다.

이러한 상황 속에서 옥구의 이방직을 놓고 같은 집안끼리 싸우는 경우도 있었다. 바로 임병찬의 집안이 그러하였다. 1851년 그의 아버지는 할아버지의 동생들인 임정필林廷弼, 정효廷孝, 정량廷亮 등 숙질간에 이방직을 다투다가 무고를 당해 지금의 충북 영동에서 귀양살이를 해야 했다. 훗날 부친은 아들 병찬에게 "옥중에서 장독이 올라 거의 사경을 헤매고 있었는데, 네가 태어났다는 말을 듣고 향불이 끊기지 않게 되어 다행이라고 생각했다"고 말했을 정도였다. 옥구의 이방직을 차지하려다 부친이 자칫 생명을 잃을 뻔한 상황 속에서 그가 태어났던 것이다.

풍비박산의 집안 분위기였지만, 그는 어려서부터 매우 총명했던 것으로 전한다. 그가 세 살이었을 때 이런 일도 있었다. 인근 서당에서 책을 읽는 소리가 들리자 그곳에 들어가 누구의 책을 읽느냐고 물었다 한다. 세계에서 가장 위대한 성현의 책을 읽는다고 하자 자신도 당장 배우겠노라 떼를 썼다는 것이다. 부친이 이를 기특하게 여겨 천자문을 매일 8자씩 훈과 음을 가르쳤더니 바로 암송했다 한다. 이를 본 부친은 그가 재주가 출중함을 알게 되었다. 연보에 의하면 그는 네 살 때 천자문과 추구推句를 배우기 시작하여 여섯 살에 『자치통감』 30행과 오언시 10여 구를 매일 외웠다고 한다. 그 이듬해에는 하루에 200여 행을 읽을 정도로 문리가 텄으며, 여덟 살에 소학을 독파한 후 향시鄕試 백일장에 나가 1등을 했다는 것이다. 이무렵 그는 유교 경전이나 『삼국지연의』 등 한문소설을 한 번 읽으면 외울 정도로 암송 능력이 뛰어난 편이었다.

이 해 가을 어느 날 임병찬은 부친을 따라 시제에 처음으로 참석하였다. 부친이 여러 친척들과 인사를 나누었으나 유독 재종조인 정필 3형제 집안과는 고개를 돌려 외면하는 것이었다. 행사를 마치고 집에 돌아와 그 연유를 묻자 이방 자리를 차지하기 위해 그 집안과 다투는 과정에서 부친이 유배형에 처해졌음을 알게 되었다. 그로 인해 오랫동안 왕래를 끊었다는 사연을 들은 임병찬은 부친께 조상의 묘 앞에서 제사를 지내며 서로 원수를 쳐다보듯 하는 일은 백해무익하므로 서로 화해하는 것이 좋지 않겠냐며 고언을 드렸다. 그의 말을 선뜻 받아들여 부친과 그가 정필의 집에 가서 부자간에 나눴던 얘기를 전하자 그 집안에서도 기쁘게 받아들였다. 병찬으로 인해 집안의 우애와 평화를 되찾은 것을 다행으로 여긴 정필 등은 '이 아이가 우리 집안을 일으킬 것'이라며 여러 친척들을 불러 서로의 잘잘못을 모두 잊고 우애와 화목을 강조하는 잔치를 벌였다. 드디어 양가의 화평을 되찾았으니, 어린 임병찬의 도량을 유감없이 보여준 일화라 하겠다.

열 살을 전후하여 그는 인근의 서당에서 4서를 비롯한 유교 경전 공부에 전념하였다. 하지만 열 두 살에 어머니 개성 왕씨가 세상을 떠나자 3년 상을 마치느라 공부를 잠시 접어야 했다. 열다섯 살이 되던 해에 그는 임천조씨林川趙氏와 혼인했으나 그 해를 넘기기도 전에 할머니 여산 송씨 및 부인 조씨와도 사별하고 말았다. 불과 삼년 사이에 할머니와 어머니, 부인까지 집안의 여성을 모두 잃은 셈이다. 그럼에도 불구하고 마음을 다잡고서 공부에 매진하던 그는 1년이 지난 1866년에 여산송씨와 재혼하였다.

그해 8월 전주부에서 감시監試를 시행했는데, 열여섯 살의 임병찬은 스물한 살의 기우만 등과 같이 응시하였다. 임병찬이 수석으로 합격하고 기우만 역시 성적이 탁월하였다. 그런데 그의 나이가 어려 필시 자신이 직접 작성한 것이 아니라 다른 사람의 손을 빌린 것으로 오해받아 유림들 사이에 의견이 분분하였다. 이에 전주부사가 두 사람을 불러 재시험을 치르게 하여 이들의 재능을 확인했다는 일화가 전한다.

이 와중에 가세는 더욱 기울어갔다. 결국 그는 열일곱 살이던 1867년에 옥구의 형방刑房을 시작으로 향리의 길로 나아갔다. 당시 그는, '집안이 매우 가난하여 사람의 도리를 다할 수 없는 처지라서 어쩔 수 없이 이역吏役에 발을 들여 놓았다'고 한다. 하지만 실제로 향리가 되는 일이 그리 쉽지 않다는 점은 앞서 언급한 바와 같다. 향리직을 둘러싸고 경쟁이 치열했던 점을 고려하면 그가 젊은 나이인 17세(1867)에 형방이 될 수 있었던 것은 향리 가문의 배경이 크게 작용했을 것이다. 아마도 이방직을 놓고 다투었던 재종조 정필 집안과의 화해가 그의 형방 진출에 큰 도움이 되었을 것이다.

이후 그는 18세에 옥구의 예방禮房을 거쳐 전주 감영의 공방工房으로 진출하였다. 이때 그는 "기개와 도량이 하늘처럼 높고 문장과 수리에 매우 뛰어나며 말을 할 때도 핵심을 잘 짚어서 도백과 수령들이 특이한 인물이라 인식하여 사람마다 모두 존경하였다"는 평을 들었다. 이와 같은 평가를 토대로 그는 19세에 전주 감영의 예방을 거쳐 스물두 살에 옥구의 호장戶長이 되었다. 호장은 '민호民戶의 장長이요, 읍사邑司의 장'이라고 일컬어지는 직책이었으니 젊은 나이에 호장이 된 임병찬으로서는 대단히 빠른 출세였다고 하겠다.

가난을 벗어나기 위해 향리가 되었다는 그는 재산을 많이 모았던 것 같다. 향리가 된 지 10여 년 만인 1881년에 옥구의 산소의 묘전墓田으로 사용할 전답을 마련한 것으로 보아 그러하다. 무려 아홉 곳에 논 23두락, 밭 7두락 등을 마련했다는 것이다. 뿐만 아니라 1882년에 그는 고향인 옥구를 떠나 태인 산내면의 산간벽지인 영동英洞으로 이사하였다. 임오군란이 발생하자 그는 세상을 멀리하고 숨어 살려는 뜻으로 일가와 처가 등 10여 명 이상의 식솔을 데리고 깊은 산중으로 들어갔다는 것이다. 옥구의 집은 제각祭閣으로 사용하기 위해 친척에게 관리를 맡겼으며,

향리로 재임한 옥구관아터(폐교된 상평초교)

태인에는 가옥과 전답을 새로 장만하였다. 여기에 들어간 비용이 만만치 않았을 것이다. 다시 말해 15년 전 향리로 시작한 그는 상당한 재산을 축적하여 삶의 터전까지 바꾸었음을 알 수 있다.

15년 향리 생활로 이와 같은 재산 형성이 어떻게 가능했을까. 당시 조선 왕조의 수취제도는 향리들에 의해 운영되었다. 즉, 향리들이 조세 행정을 전담했는데, 이 과정에서 향리들은 부정과 편법을 동원하여 막대한 재산을 축적했던 것이다. 특히, 전라도 향리들의 작폐는 앞서 말한 대로 흥선대원군이 충청도의 사대부와 평안도의 기생과 더불어 조선의 3대 폐단으로 지목할 정도로 유명하였다. 학문에 뛰어나고 계산에 밝은 임병찬은 전라도 향리들의 관행에 힘입어 막대한 재산을 모은 것으로 추정된다. 그러나 그렇게 모은 재산을 빈민구제활동과 독립운동에 내놓았다는 점에서 의미가 크다고 생각한다. 그는 집안이 가난해서 향리가 되었지만 개인적 치부에 그치지 않고 이웃과 나라를 사랑하는 일에 애써 모은 재산을 내놓았기 때문이다.

진휼활동으로 선정의 대명사가 되다

흉년은 예고없이 찾아들었고, 그때마다 가난한 백성들은 산천을 헤매었다. 그는 향리로 활동하면서 곤궁한 농민들을 도와주는 진휼賑恤에 대한 관심이 남달랐다. 농민의 삶이 안정되어야 향리의 활동도 순조로울 수 있었던 때문일 수도 있다. 그러나 그보다는 도탄에 빠진 민생을 구제하는 일을 향리의 본분의 하나로 인식했던 것 같다. 그 일환으로 그는 빈민 구제 활동에 주목했는데, 1876년에 흉년이 들자 겨울에 진휼소를 설치하여 200냥을 먼저 기부하였다. 아울러 부자인 요호饒戶들에게도 기부할 것을 권하였다. 1885년 전라우도 암행어사로 왔던 심상학沈相學을 대신하여 서계書契와 별단別單을 작성했는데 그 핵심 요지는 민폐를 제거하는 방안이었다. 이미 그는 삼정의 문란으로 인해 농민들의 삶이 더욱 피폐해지는 과정을 깊이 인식하고 있었던 것이다.

1886년에 전주 감영의 대동영리大同營吏가 되었는데, 2년 후인 1888년에 전라도에 대흉년이 들이닥쳐 굶어 죽은 자들이 넘쳐났다. 그는 백성들의 정황을 헤아려 진휼청에 1천 냥을 내놓았다. 또한 3천 냥과 쌀 70석을 다시 기부하여 굶주린 사람들과 친척들을 도왔다. 1901년에도 그는 굶주린 사람들을 구제하기 위한 활동을 전개하였다. 당시 전라도에 흉년이 들자, 전북관찰사 조한국趙漢國은 그에게 진휼청의 감동監

蕘을 맡아달라고 요청했으나 사양하였다. 하지만 관찰사가 거듭해서 정중하게 요청하고, 도처에서 굶어죽는 사람들이 발생하자 그 일을 맡지 않을 수 없었다. 그의 진휼 활동이 20여 년동안 지속적으로 이루어졌음을 알 수 있다. 이처럼 그는 일신의 영광과 집안의 치부에만 몰두하는 여느 향리들과 달리 활동하였다.

한편, 흉년이 거듭되던 1886년 전후에 각 군현에서 전세와 대동세의 현물징수를 독촉하자 쌀값이 1석당 70냥으로 폭등하였다. 가난한 농민들은 살 길이 막

전주 감영의 영리로 활동했던 전주지도(18세기)

막하였다. 이에 전주 감영의 호장이었던 임병찬은 관찰사 이헌직李憲稙에게 전세와 대동세를 현물로 받지 말고 쌀 1석당 25냥으로 금납해줄 것을 건의해서 시행하였다. 농민의 입장에서 세금을 합리적으로 조정해서 농민 부담을 덜어준 것이다. 이로써 전라도민들이 안도하며 겨울을 지날 수 있었으며, 그에 대한 믿음이 더욱 깊어졌다고 한다. 이러한 공로를 인정받아 전라도 유생들은 그를 거문도 설진별감設鎭別監으로 추천하

여 1889년 봄에 임명되었다. 이어 그는 절충장군折衝將軍 첨지중추부사겸 오위장僉知中樞府事兼五衛將과 3대 추증의 교지를 받았다. 이때에도 고종이 1만 석의 쌀을 내어 백성들을 구휼하자 그 역시 1천 석을 경진청京賑廳에 기부하였다. 전라감사가 빈민을 구제한 그의 공로를 조정에 보고하였다. 그러자 정부에서는 그를 1889년 7월 낙안군수겸순천진관樂安郡守兼順天鎭管 병마동첨절제사兵馬同僉節制使로 임명하였다. 그는 그해 8월에 낙안군수에 부임했는데, 이로 인해 그는 훗날 '임낙안林樂安'으로 불렸다.

낙안군수로 재직시 그가 선정을 베풀었음은 물론이다. 그가 낙안군에 도착했을 때 1888년 이후 거둔 세금이 1/5에 불과하였다. 1888년 세금만 25냥씩 계산해도 거의 3만 냥이나 미납된 것이다. 다행히 그가 부임한 해에는 평년 농사가 되어 쌀 1석당 가격이 아홉 냥도 안되었다. 1888년의 기준으로 보면 절반도 안되는 금액인 것이다. 전후 사항을 파악한 그는 전라감사 김규홍金奎弘을 방문하여 1889년을 기준으로 지난 세금을 거두어야 민력이 회복될 것이라고 간곡히 요청하였다. 전라감사는 그의 제안을 받아들여 전라도 각 읍에 공문을 보내어 1889년 가격을 기준으로하여 밀린 세금을 해결하였다.

9월 가을 추수가 끝난 후 여러 해의 세금을 한꺼번에 거두어들이자 서울의 쌀값이 가파르게 올랐다. 상납을 하기 위해 쌀을 사들였기 때문이다. 그러자 전라좌수사가, '임병찬이 세미를 싣고 오는 배를 태안 앞바다에서 난파시킬 것'이라고 서울에 소문을 퍼뜨렸다. 임병찬의 농민을 위한 실질적인 세금 감면을 탐탁치 않게 여기고 방해하는 세력이 있었던 것이다. 하지만 전혀 사실이 아닌 것으로 파악되어 그는 무사할 수 있었다. 쌀을 팔아 세금으로 상납한 금액이 4천여 냥 가량 부족했지만 그 부족액을 농민들에게 부담시키지 않고 스스로 해결하였다.

그는 항상 읍세와 가난한 농민들의 형편을 살폈다. 낙안군의 각 면面·리임里任과 두민頭民 등을 초청하여 농민들이 처한 상황을 파악하였다. 이 자리에서 관민이 서로 믿을 수 있는 방법을 언급한 후 민간에 대한 관리들의 작폐를 일소하는데 전력을 기울였다. 또한 그는 1884년 이래의 미납전 6만 7천여 냥, 쌀 5천 8백여 석, 면포 4동同 등의 포흠逋欠을 1890년에 해결하였다. 이로써 낙안에서는 세금을 빙자하여 부패를 일삼으며 마을을 순회하는 향리들을 찾아보기 어려웠다. 임병찬의 선정으로 인해 낙안군은 농민뿐만 아니라 관속 모두가 즐겁고 평안한 낙안樂安 세상을 만난 것이다.

그의 이러한 능력은 이미 옥구의 향리와 전주 감영의 영리로서 입증된 바 있었다. 이를 테면 1890년 어느 날 전주 감영의 창고에 화재가 발생하여 전라도 53군현의 세금 문서가 모두 불에 타버렸다. 전라감사는 몹시 당황하여 어찌 할 바를 몰랐다. 이에 해당 관원들이 이 일은 임병찬이 아니면 해결할 수 없으므로 감사더러 임병찬에게 부탁해줄 것을 간청하였다. 이러한 요청을 받은 그는 열 명의 필생筆生을 동원하여 자신이 암송한 내용을 받아쓰게 하여 불에 탄 문서를 완벽하게 복원하였다. 전라감사가 그의 재주를 칭송하며 감사해 마지않았는데 이로부터 그의 명성은 더욱 널리 퍼졌다. 그가 전라도의 재정 상황에 통달했을 뿐만 아니라 탁월한 기억력과 행정능력을 보여주는 일화라 하겠다. 이는 그가 과거 20여 년간 이직吏職을 역임한 노련한 행정관리였기 때문에 가능하

청백리 군수로 명성을 날린 낙안읍성

였으리라 생각된다. 정부 역시 그의 능력을 인정하여 재정과 관련된 임무를 특차特差하기도 했다. 예컨대, 그는 낙안군수로 재임 중에도 조창漕倉에 딸린 전운영轉運營의 포흠을 조사하기 위한 군산진겸관겸사관群山鎭兼官兼査官과 법성진겸관겸사관法聖鎭兼官兼査官 등에 제수되어 특별한 임무를 수행한 바 있다.

그가 낙안군수로 재임하며 선정을 펼치자, 군민들은 만인산萬人傘을 만들어 드리자는 여론을 조성하였다. 당연히 선정비善政碑를 세우자는 논의도 뒤따랐으나, 이 사실을 알게 된 그는 두 가지 모두 엄금하여 실행될 수 없었다. 그가 군수직을 마치고 돌아가게 되자 낙안 군민들은 1만 명의 옷깃을 거두어 새끼줄을 만들었다. 이들은, "이는 백성들에게 피해가 없는 삼베 새끼줄입니다. 이름하여 만금색萬襟索"이라 하면서 길을 막고 유임을 간청하였다. 전주 감영과 의정부에 탄원서를 제출하였지만 이들의 소망은 이루어지지 않았다. 그가 돌아간 후 군민들은 자발적으로 그의 선정을 기리는 거사철비去思鐵碑를 세웠으며, 그의 청백리 사적은 오늘날까지 구비口碑되고 있다.

진정한 유학자의 길

1890년 9월 그는 낙안군수에서 물러나 태인으로 돌아왔다. 이후 그는 양반 신분으로서의 면모를 갖추어 갔다. 회문산回文山 북쪽자락에 위치한 태인의 종송리種松里에 거주하면서 성리학의 근본을 탐구하는데 매진하였다. 그는 항상 자제들에게 효도와 우애를 강조하고, 검약儉約을 가훈으로 정해 실천하였다. 1891년 정월에 가묘를 세우고 위답 6두락을 마련하였으며, 다음해에 그의 장남 응철應喆은 문과 전시에 급제하였다.

그러던 1894년 봄 동학농민전쟁이 요원의 불길처럼 타올랐다. 그해 5월 그는 무남영武南營 우영관右領官에 제수되었으나 나아가지 않았다. 이 무렵 동학이 세력을 확대하고 농민군의 활동은 더욱 맹위를 떨쳤다. 이에 그는 유학을 보존하기 위한 영소전靈昭殿을 건립하고서 공자의 영정을 봉안하였다. 당시 함열의 영소전에 공자상이 있었는데, 그것을 모사하여 봉안한 후 그곳에서 유학 공부에 전념하였다. 동학의 확산을 경계하며 유교의 전승에 힘을 기울인 것이다.

한편으로 그는 「편호규례編戶規例」를 제정하여 종성리에 외부 세력이 들어오지 못하게 방비하였다. 종성리에서의 편호는 5호를 1통으로 편제함으로써 이른바 5가작통제를 활용한 것이었다. 그는 관적에 들어 있는 호를 원호元戶, 누락된 호를 막호幕戶, 동거하는 호를 협호夾戶로 분류하여 편재하였다. 편호는 통장을 중심으로 운용되었는데, 통장이 주민의 출입을 통제함으로써 외부의 상인과 보부상, 걸인과 승려의 출입까지 점고하였다. 모든 호는 문패를 달았으며, 문패에는 호주의 성명, 연령, 가족수, 남녀 구분, 직업, 종교 등을 표기하였다. 또한 15~60세 사이의 남성은 반드시 점고와 출입을 따르도록 하였다. 이로써 볼 때 그는 농민군을 방어하기 위해 편호제도를 조직적이고 체계적으로 운용한 것으로 믿어진다.

그리하여 그는 남원을 무대로 활동하던 농민군의 3대 지도자의 한사람인 김개남金開南을 유인·체포하는데 기여하였다. 그는 김개남이 태인에 은신한 사실을 알고서 사람을 보내어 종송리로 들어오게 유인하였다. 다른 한편으로는 마을 사람들이 몰래 고변告變에 나서도록 했는데, 이들이 길을 가다가 위무사慰撫使 이도재李道宰를 만나 김개남의 은신처를 알려주었다. 이도재는 곧바로 강화영 소속의 관군과 순검들을 파견했고, 12월 1일 새벽 임병찬은 이들이 마을 사람들과 합세하여 김개남을 붙잡도록 주선하였다. 12월 3일 이도재는 체포된 김개남을 임의로 처형하였다. 이도재가 그의 공로를 치하하며 정부에 추천하자 그는 편지를 보내어 공로가 아니라 백성과 국민을 위한 당연한 일이었음을 강조하였다.

이러한 상황을 당시 『독립신문』에서는 아래와 같이 전하였다.

태인군 종송리 사는 임병찬씨는 일찍이 낙안군수를 지냈는데 갑오년 동

동학농민군 지도자 김개남의 체포 장소(현 정읍시 태인면 종성리)

학 괴수 김개남을 송재구 등 13인으로 하여금 유인하여 사로잡아 감영에 바쳤으니 동비 초멸한 군장은 임씨가 제일이건마는 공을 보할 때에 임씨가 군이 사양하여 포장이 못되니까 여러 사람의 뜻이 재울하여 임씨 등 14인을 포장하여 달라고 유생 등이 군부에 청원한즉 군부 지령 내에 이 중론을 보니 그 성한 공적을 알겠는지라 처음에 겸손하고 마침내 돈적하니 비록 조사한 문부에 빠졌으나 또한 반드시 민묵할 이치가 없다고 하였다더라

– 1897년 7월 1일 잡보

임병찬은 김개남을 체포한 공로를 스스로 사양해서 군부의 공적을 기록한 서류에는 누락되었지만 재검토하겠다는 내용이다.

이듬해 정월 그는 임실군수에 제수되었으나 나아가지 않았다. 아마

도 김개남을 체포하는데 기여한 공로를 인정받아 임실군수에 제수되었
으나 끝내 부임하지 않았던 것 같다. 그는 향리직을 매개로 상당한 재산
을 모으고, 빈민구제활동을 통해 군수까지 역임한 처지로서 조선 정부
를 지키는 일을 당연한 본분이라 여긴 것이다. 그래서 그는 '백성과 국가
를 위해(爲民國)' 김개남의 체포에 나섰던 것임을 강조하였다. 그러자 전
라관찰사이자 위무사였던 이도재 역시 전곡錢穀을 보내어 그의 공로를
거듭 치하했다. 처음에 이도재는 쌀 20석을 보내어 위로했으나 그는 단
호히 거절하고 돌려보냈다. 이에 이도재는 돈 200냥을 보내면서 편지를
동봉하였다. "종성리 마을 주민들이 동학에 물들지 않게 하고, 또한 국
가를 위한 공을 세웠다. 이를 선양하지 않는다면 국가의 정령을 시행하
지 않는 것과 다름없으니 물리치지 말라." 마침내 그는 이도재의 호의를
수락한 후 그 돈을 동계洞契의 기금으로 삼아 동민들에게 적선과 근검,
신의를 가르치는데 사용하였다.

나아가 그는 유학을 지키기 위한 방안으로 궁현동약계弓峴洞約契를 설
치하였다. 그는 동학농민전쟁의 여파로 인해 민심을 일신할 필요성을
절감하였던 것 같다.

이 해에 동학이 치성하여 전라도가 크게 어지러웠다. 김개남, 전봉준의
무리들이 최시형, 서장옥을 사사師事하여 무리를 불러모아 군사를 일으켜
서 살인 방화를 일삼았다. 왕조의 제도를 참람히 행하고 마을을 약탈했으
며 마침내 성을 공격하여 관리를 죽였다. 거짓 명령으로 세금을 거두어들
이고 궁전에 불을 질렀으며 문묘를 파괴했는데, 기강이 무너지고 풍속을

업신여김이 이보다 심한 적이 없었다. 　　　－「궁현동약계서」,『돈헌유고』권 2

　　임병찬은 1895년 2월 궁현동약계를 설치했는데, 그 배경을 동학농민전쟁에서 찾았음을 알 수 있다. 그리하여 동학농민전쟁의 소용돌이 속에서 한시도 정부의 은택을 잊지 않기 위해 함께 고통을 나눈 주민들이 향약을 시행하겠다는 것이다. 이도재가 이러한 내용을 조정에 보고하자 그 뜻을 가상히 여긴 조정에서는 종송리를 종성리宗聖里로 바꾸도록 하였다. 조선 정부가 임병찬이 거주하는 마을을 유교의 본고장으로 인정해준 것이라 하겠다.

　　1895년 10월 명성황후시해사건이 발생하자, 그는 마을 주민들을 데리고 집 뒤의 산에 올라가 망곡望哭한 후 복수할 방안을 생각하라고 말했다. 이 일이 빌미가 되었는지는 불분명하나, 1897년 2월 그는 종성리의 이수민李秀民, 송재구宋在龜 등과 함께 전주진위대의 소대장 한성교韓性敎에 의해 체포되었다가 한달 후 풀려났다. 이 사건은 전 승지 김창석金昌錫의 무고 때문에 발생한 것이었다. 1894년 동학농민군이 전국을 휩쓸었을 때 태인은 가장 강력했으나, 종성리는 물들지 않았었다. 전쟁이 종식된 후 관군들이 길거리에서 사람들을 만나 태인에 산다고 말하면 침을 뱉고 욕을 하였으나 종성리에 산다고 말하면 공손히 대해주었다. 그래서 다른 지방 사람들도 종성리에 산다고 말하는 사람들이 많았다.

　　당시 김창석은 본래 전주에 살았으나 태인 진계리眞溪里로 이사하여 부유함과 권력에 의지하여 방자하게 굴었다. 그러던 중 동학농민전쟁이 발생하자 농민군에게 아첨하며 그 집을 도회소로 제공해서 화를 피했었

옥구 남산마을에서 이사온 태인 종성리 전경

다. 그러던 중 종성리에 사는 임병찬의 활동 소식을 듣고서 시기와 질투를 내어 진위대 대대장 김한정金漢鼎과 부화뇌동하여 전라감사 윤창섭에게 임병찬이 무리를 모아 역모를 꾸밀 뜻이 있다고 무고하여 체포되었던 것이다. 김창석 등은 임병찬에게 있지도 않은 사실 10여 가지를 만들어 무고했는데, 특히 그가 수백 명의 장사와 1만여 명의 정병을 훈련시켜 감히 누구도 제어할 수 없다는 것이다. 그래서 군부에 보고해서 군사를 동원하되 밤에 기습하여 먼저 이들을 포살한 후 마을을 도륙하고 불태워야 한다고 주장하였다. 당시 진위대 소대장 한성교는 종성리의 흥학재興學齋를 포위하여 그러한 혐의를 조사했으나 무고한 사실들을 발견하지 못하였다. 하지만 임병찬 등은 전주로 압송되어 재판에 넘겨졌으나 무고로 밝혀짐으로써 풀려난 것이다.

이 일은 『독립신문』에 수 차례 게재될 정도였다.

태인군 땅에 사는 임시중(임병찬 – 저자주)이가 장사 수백 명과 당유 만여 인을 모으고 총 수백병과 화약 수천 근이 있고 도록 책이 있다고 전라북도 관찰부에서 병정 근 백명을 보내어 임시중과 그 동리 백성들을 잡아다가 경무서에 가두었는데 병정 거느리고 잡으러 갔던 소대장 한씨의 말이 애매한 사람 잡으려고 동병하였다 하고 당초에 말하던 관찰부로 보낸즉 관찰부에서 재판도 아니하고 경무서에 가두었다고 그곳 사람의 편지가 신문사에 왔더라.

1897년 4월 17일 잡보

애매한 사람을 체포했다는 말에서 당시의 상황을 짐작할 수 있다.

그런데 『독립신문』(5월 20일자 잡보)에 의하면 이 사건은 좀더 복잡했던 것 같다. 임병찬의 주도로 계를 만들어 무리를 모아 활쏘기를 익히고 사격 연습을 했으며 포수를 불러모아 총을 비롯한 무기를 사들인다는 소문이 파다하여 전 영교 최학민을 보내어 정탐했더니 실제가 그러하다는 보고를 받았다는 것이다. 이러한 상황은 1894년 이후 운용된 종성리 편호제에 기인한 점도 있을 것이다. 정탐군 최학민은 임병찬을 비롯한 마을 주민들이 사당을 사사로이 건립하여 제관祭官을 차정하고 국상國喪이라 하여 검은 모자를 쓰고 검은 띠를 찼으며, 뒷산에 산막을 설치하여 수직하며 천제당과 홍살문을 세웠다는 점을 낱낱이 보고하였다. 특히 병장기를 보관하고 있는 점에 주목하여 진위대에서 체포하여 관찰부로 보냈는데, 군부에서는 이들을 고등재판소로 넘기라고 지시했다는 내용이다. 이후의 일은 연보에 의하면 무고로 인한 사건으로 처리되어 풀려났다는 점으로 보면 크게 비화되지는 않았던 것 같다.

아마도 이 사건은 명성황후가 시해된 이후 임병찬의 활동과 연관되지 않을까 한다. 그는 동학농민전쟁 이후 종성리에 영소전을 건립하고 동약계를 설치하여 유교이념의 확산에 노력하였다. 또한 시해 소식을 접한 후 그는 마을 주민들에게 원수를 갚을 방안을 생각하라고 했던 점을 상기한다면 검은 모자와 띠를 착용하는 것이 이해될 것이다. 그가 장정들을 모아 군사훈련을 하고 무기를 사들인 이유는 명성황후를 시해한 복수의병復讐義兵을 일으킬 준비를 했던 것으로 추정된다. 이미 그는 전국 각지에서 봉기한 의병 소식을 들었을 것이다. 그 역시 종성리를 중심으로 기병할 준비를 하던 중 김창석의 고발로 투옥되지 않았나 한다. 당시 전주진위대는 호남의병이 일어난 장성, 광주, 나주 등지에서 의병을 진압하고 처벌하는 활동을 벌인 바 있었다. 이들은 경남 진주까지 진군하여 노응규 의진을 해산시키는 활동을 전개하였다. 이러한 점에서 보더라도 당시 임병찬의 모병활동은 의병을 준비하는 활동으로 의심받을 만했을 것이다. 하지만 그의 거병 준비는 사전에 발각됨으로써 의병봉기로 이어지지 못하고 말았다.

한편, 그는 1898년 군부대신 심상훈沈相薰의 추천으로 사균위원查均委員, 즉 균전위원에 임명되었으나 처음에는 고사하였다. 하지만 전주, 옥구, 임피, 김제, 부안, 태인, 금구 등 전라우도의 7개 군현의 균전을 관리하는 일을 맡았다. 당시 그는 고종의 이종사촌이자 최측근인 심상훈의 요청을 거듭 거절하기 어려워 맡게 되었던 것 같다. 균전 문제는 전라북도에 주로 국한된 일이었다. 1891년 말 왕실에서 자연재해 등으로 농사를 짓지 않고 버려진 땅을 개간한 뒤에 균전이라 명명하고서 왕실소유

조선 말기 수탈의 대명사 호남평야

지로 간주하였다. 하지만 균전에는 원 소유자가 있는 땅이 많았다. 균전
이 되면 토지세가 탕감되고 소작료도 적다고 선전하자 이 지역 농민들
이 자진하여 자신의 토지를 균전에 편입시켰던 때문이다. 그러던 중에
임병찬이 균전위원으로 임명되어 규정대로 세금을 부과하고, 전라관찰
사 이완용이 징세를 독려하자 그것에 반발한 농민들의 저항운동이 거세
게 일어났던 것이다.

이와 관련하여 당시 신문 기사를 보면 상황을 짐작할 수 있다.

전주민요全州民擾는 지난번 보도에 이미 게재하였는데 해당 군에 사는 주
경숙朱景淑 등이 내부內部에 고소하였는데 이미 신묘년(1891)분에 전 승지
김창석金昌錫이 균전사로 민간에 발령하여 말하기를 어느 논을 막론하고
명례궁明禮宮에 부속하면 결가結價가 크게 내리리라 하였다. 지극히 어리

석은 민정民情이 여러 해의 흉년을 거치며 이 명령에 즐거이 복종하여 전주, 금구, 태인, 부안, 김제, 임피, 옥구 7군에 소재한 논밭을 그 궁안宮案에 부속한 자가 3,300여 석락이라. 그 해 가을에 김창석이 역졸을 크게 동원하여 매결每結에 조租 4석10두씩 강제로 받았었다. 갑오경장 시기에 이 폐단을 혁파하여 민심이 안정되었다. 무술년(1898) 가을에 전 영리 임병찬이 균사관均查官으로 내려와 군부의 명령과 뜻이라 칭하고서 민간에 전포傳布하여 말하길 균전을 창설한 초기에 국가에서 18만 냥을 내려보내어 묵은 논을 개간케 하고 매년 4천 결씩 탕감하였다 한다. 그러나 백성들은 처음부터 일푼일속一分一束의 혜택을 입은 바 없이 지금에 이르렀는데, 이 논이 궁안에 속하였다 하며 수세收稅하고자 하였다. 이에 7개 군민 1만여 명이 지난해 말 대표자 4~5인으로 하여금 내부에 와서 고소한즉 군부로 가서 고소하라 하고, 군부에 고소한즉 궁내부에 가서 고소하라 하고, 궁내부에 고소한즉 아직 지령이 없다고 할 뿐이다. 차일피일 미루고 소장을 유보한 채 내주지 않고 있다. 지금 들은즉 관찰사 이완용씨가 순검을 동원하여 균전세를 성화같이 독촉하자 백성들이 관리의 폭압을 견디지 못하여 수천명씩 여러 곳에 둔취屯聚하였다. 그 부의 진위대에서 군대를 출동함에 백성들이 하늘을 보며 통곡하며 호소할 곳이 없어도 정부에서는 민생을 초개처럼 보기만 할 뿐이니 지극한 원망을 이기지 못하고 죽음을 무릅쓰고 고백하오니 전후의 사실을 황제께 주달하심을 눈물로 호소하였다.

-『황성신문』 1899년 3월 27일

임병찬은 농민들과 명례궁에 소속된 균전의 수세 문제로 의견이 크게 엇갈려 농민들로부터 성토의 대상이 되었음을 알 수 있다. 더욱이 관찰사 이완용이 순검을 동원하여 징세를 독려하자 농민들은 더욱 격분할 수밖에 없었다. 1904년에도 같은 사건으로 임병찬의 이름이 오르내렸다. 이로써 볼 때 임병찬은 농민보다는 왕실의 이익을 우선시하였음을 알 수 있다. 물론 그는 자신이 소유한 노비문서를 태워버리고 해방시킨 노비들의 권속을 헤아려 토지를 분급分給해주기도 했다. 그러나 그는 농민과 왕실이 대립할 때 왕실을 지지하는 근왕의식이 투철한 인물이었다.

한편, 1903년에 이르러 그는 전북관찰사 이용직李容稙에게 자신이 구상한 향약안을 올려 각 군별로 시행할 것을 요청하였다. 향약 시행에 필요한 재원 조달방안과 운영 방법까지 구체적으로 제시한 것이다. 아울러 상벌賞罰의 기준과 좌목座目의 구분을 별도로 만들었다. 예컨대 상벌은 중상重賞과 차상次賞, 중벌重罰과 차벌次罰 등 각각 두 개의 등급으로 구분하였다. 효친孝親·충국忠國·화린化隣·휼궁恤窮은 중상, 형제상우兄弟相友·붕우교신朋友交信·근업勤業·독행篤行은 차상에 해당하며, 그와 반대되는 행위는 벌에 해당하였다. 좌목에서는 도에는 도약장겸강장都約長兼講長 – 약정約正 – 부약정副約正, 군에는 참약장參約正 – 강장講長 – 약정, 면에는 면약장겸강장 – 약정, 동에는 동약장겸강장 – 약정 – 통장統長을 조직의 근간으로 삼았다. 당시 사회적 불안이 가중되자 각 도에서는 향약을 시행하여 안정을 기하고자 노력하였다. 그 일환으로 전북에서는 임병찬이 이미 동학농민전쟁 당시 시행한 동약을 경험삼아 전라북도 전체로 향약을 확대 시행하려는 것이었다. 그런데 좌목에서 드러나듯이 그가 구상한 향약은 마을마다 약장이 강장을 겸한 점이 특징인데, 상벌에서도 나타나지만 유교적 윤리 교육을 병행한 점이 이채롭다.

1903년 9월 그는 전혀 엉뚱한 일에 휘말려 곤욕을 치르기도 하였다. 일본에 망명한 박영효朴泳孝와 관련된 사건으로, 서울에서 파견된 순검에 의해 체포되어 전주 감옥에 갇힌 적이 있었다. 박영효가 그에게 사람을 보내어 포섭하려 한 혐의였다. 일본에 있던 박영효는 그의 명성과 능력을 높이 사서 측근을 보내어 그와 함께 어떤 일을 도모할 생각이었다. 이를 위해 박영효의 측근이었던 김연택金連澤이 일본에서 그에게 편지를 보내어 만나자는 뜻을 전했다. 일본에서 서울로 돌아온 김연택은 즉시 체포되어 심문을 받았으며, 그 불똥이 그에게 튀어 체포되었으나 그와는 무관한 일이었다. 근왕주의자인 그가 개화파인 박영효의 제안을 선뜻 수용했을 것 같지는 않지만, 일본에 있는 박영효가 그의 능력을 높이 평가했다는 점에서 주목되는 일화가 아닌가 한다.

1904년이 되자 일본의 침략을 예감한 그는 의병을 일으킬 준비를 구체화하였다. 그는 설날 새벽 가묘에 차례를 지낸 후 영소전에 분향하고 산신묘山神廟에 절을 드린 후 강당에 자손들을 불러모았다. 그는 지난 해말 인근 지역 군수들과 전주진위대 중대장이 보내온 편지를 소개하며 최근의 정세를 설명하였다. 일본군 5만 명이 부산으로부터 북상하면서 선발대가 먼저 들어와 전봇대로 사용할 목재와 군수미, 시탄柴炭 등을 조달해줄 것을 강요했다는 내용이다. 일본의 이러한 활동은 곧 러일전쟁이 일어날 조짐이며, 개전開戰하는 날이면 고종의 안위가 걱정된다는 것이다. 따라서 자신은 신하된 도리로서 마땅히 의병을 일으킬 것임을 자손들에게 선언하였다. 그리하여 그는 전라도 각 군현의 향교에 통문을

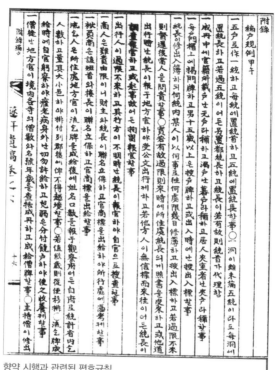

향약 시행과 관련된 편호규칙

보내어 '호가위계扈駕爲計', 즉 근왕하기 위해 의병을 일으킬 것임을 알렸
다. 그는 통문을 만들어 자제들로 하여금 여러 부를 베껴 마을 사람들을
불러 모아 갑오년처럼 5호작통하여 대비하라고 당부하였다.

　당시 그가 보낸 통문이 남아 있는데, 그 주된 요지는 누란의 위기에
처한 국가를 보전하기 위해 각자 죽음을 각오하고 충용忠勇을 다할 것을
호소하는 내용이다. 각 군현의 향교에 통문이 도착하면 각 면리로 발송
하여 문벌을 묻지 말고 지용智勇을 겸비한 자를 등용할 것과 가난한 사

람에게는 여비를 지급할 것과 각자 10일분의 식량을 준비하여 군대로서의 편제를 갖추라는 것이었다. 러일전쟁이 일어난다면 500년 역사가 하루아침에 무너지고 삼천리 강토는 열강들에 의해 분점分占될 것이라 하였다. 이어서 안빈낙도를 추구해도 나라가 망하면 그것이 가능하겠는가 반문하며 적극적인 참여를 기대하였다. 하지만 그의 거병 움직임에 대해 대부분의 사람들이 함부로 의병을 일으키는 것은 곤란하다는 의견을 전달하였다. 즉, 정세가 아무리 급박하더라도 국왕의 승낙이 없이 의병을 일으켜서는 안된다며 현재는 적절한 시기가 아니라고 하였다. 더욱이 고종의 허락을 받기 위해 대표적 척족인 민영소閔泳韶에게 글을 보냈으나 경거망동하지 말라는 경고를 받았을 뿐이다. 그는 러일전쟁이 발생하면 일본에 의한 주권 침탈, 특히 고종의 신변을 보호하기 위한 근왕의병을 일으키려 했으나 주변 사람들의 만류로 결국 중지한 것이다.

또한 1904년은 동학이 다시 전국적으로 확산되는 시기였다. 이용구李容九가 진보회進步會를 결성했다가 송병준宋秉濬의 일진회一進會로 통합하여 일본의 앞잡이가 되었다. 이는 10년 전에 일본과 총검을 겨누며 혈전을 치른 점과 비교하면 격세지감이라 할 수 있다. 전라북도 역시 동학 계통의 친일세력이 확산되자 관찰사 이용직李容稙은 임병찬의 도움을 받아 향약을 널리 시행하고자 하였다. 그리하여 관찰사는 도약장都約長, 그는 태인약장泰仁約長이 되어 전라북도 26개 군에 향약을 시행토록 하였다. 이처럼 1904년에 의병을 일으킬 수 없었던 그는 유교적 사회체제를 지키기 위해 고군분투하였다.

태인의병의 핵심인물

시묘의 숨은 뜻을 드디어 펼치다

1905년 11월 임병찬은 전주의 부위副尉 최학엽崔學燁으로부터 편지 한 통을 받았다. 이토오 히로부미가 군대를 이끌고 궁궐을 침범하여 을사조약을 강제로 체결했는데, 이는 곧 항복문서이며, 이에 항거하여 민영환이 자결했다는 내용이었다. 그해 12월 그는 친지들의 도움을 받아 옥구의 고향에 있던 모친의 묘소를 태인의 종석산鍾石山 기슭에 이장하였다. 열세 살 어린 나이에 어머니를 여의였던 그는 못내 시묘를 못한 아쉬움이 컸던 것 같다. 그후 42년이 흘러 종석산에 이장하여 검은 옷을 입고 복중인服中人을 자처하며 움막을 짓고 살았다.

　당시 그는 산 아래의 땅을 다시는 밟지 않겠노라 맹세하였는데, 현실을 도피하여 은둔하려는 뜻은 결코 아니었다. 그는 신하된 자로서 임금이 욕을 당해 국가가 위태로운데도 죽지 않고 돕지도 않으면서 그저 바라만 보며 국권의 회복을 바란다면 회복할 힘이 없는 것과 같다고 인식하였다. 따라서 그의 시묘는 사사로운 정으로 자신을 위하는 일이 아니라 국권 회복에 참여하지 못함을 속죄하기 위함이라는 것이다. 다시 말해 위기에 처한 국가적 상황을 직시하지 못한 현실도피나 무력감과는 전혀 다른 차원이라 하겠다. 당시 그는 인적이 드문 그곳에 움막을 짓고서 무기와 곡식을 비치한 것으로 전해지는데, 향후의 거의를 도모하기 위한 준비를 했던 것으로 판단된다. 얼마후 그는 봉장소封章疏를 올렸는데, 그 점만 보더라도 그의 은둔을 예사로운 것으로 볼 수 없다.

1906년 설날 아침, 망궐례望闕禮를 행한 후 봉장소를 지었다. 그는 천하에는 망하지 않은 나라가 없는데 나라가 위태로워 천하에 대의를 펴고자 할 때 성패이둔成敗利鈍으로 하는 것은 아니라 그 마음을 움직여야 한다고 주장하였다. 그래서 의를 위해 자결하여 뭇사람들의 뜻을 격려하거나 정의의 기치를 들고 중흥을 도모해야 한다는 것이다. 그런데 자신은 어리석고 재주도 없지만 성은을 입어 3품관으로 재직한 후 물러난 처지인데 1903~1904년에 거듭 창의할 계획을 도모했으나 의병을 일으키라는 조칙을 받지 못해 중지했다는 것이다. 지금 폐하가 조칙을 내릴 처지가 아니므로 자신은 대의를 밝힐 동지들과 함께 피로써 맹세한 후 일본에 가서 인의와 도리로 말하고 순치脣齒의 이해로써 그들을 설득하여 을사조약을 폐기하겠다는 것이다.

비록 실패한다면 그들의 뜰에서 자결함으로써 위로는 국왕의 은혜와 아래로는 백성들의 뜻에 보답하겠노라 하였다. 임병찬은 비답을 기다리

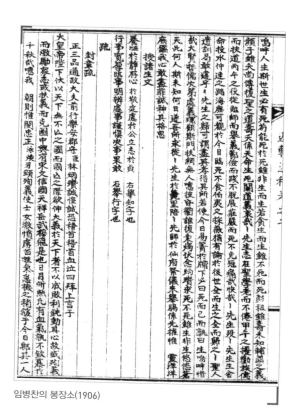

임병찬의 봉장소(1906)

지 않고 자의로 행한 죄는 돌아온 다음에 달게 받을 것임을 밝혔다. 그는 국왕의 승낙이 없더라도 의병을 일으켜 일본에 건너가 외교적 담판을 벌이겠다고 천명하였다. 담판을 통해 을사조약을 폐기시키거나, 실패하면 자결로써 항의할 것임을 분명하게 밝힌 것이다. 이처럼 그는 은 둔 중에도 누란의 위기에 처한 국가를 구하기 위해 외교담판론을 구상하고 있었다.

한편, 충남 정산에서 우거 중이던 최익현은 전국에 창의를 호소하는 글을 보내어 동조자를 물색하였으나 거의 호응을 얻지 못하였다. 실의에 빠진 최익현에게 하루는 문인門人 고석진高石鎭이 찾아와 의병을 일으킬 적임자로 임병찬을 추천하였다. 최익현은 1906년 정월 19일 전북 진안 출신의 최제학崔濟學에게 자신의 편지를 지참시켜 그를 방문케 하였다. 최익현은 편지에서 자신의 생각을 토로하며 의병을 같이 하자고 권하였다. 즉, 을사조약을 강요한 일제는 불공대천不共戴天의 원수이므로 국가와 더불어 관료들이 기쁨과 슬픔을 함께 나누어야 한다는 것이다. 고명한 유생들도 정한 바가 있을 터이니 거의를 어떻게 생각하느냐는 내용이었다.

당시 최익현은 편지를 통해 운봉웅거설雲峯雄據設을 제시했는데, 이에 대해 그는 완곡하게 불가하다는 점을 몇 가지 밝히고 있다. 운봉은 워낙 생소하고 험한 지역이어서 의병을 움직일 때 완급과 진퇴를 조절하기가 어렵다는 점을 제시하였다. 대신에 그는 전주를 점령하여 동지들을 불러모아 지리산에 웅거하는 이른바 진공퇴수지계進攻退守之計를 제안하였다. 지리산에 웅거하여 장기항전을 준비하자는 것이었다. 그는 최제학을 통해 최익현과 여러 차례 서신을 주고받으며 거의에 관한 의견을 교환하였다.

최제학 등은 1905년 11월 최익현이 전국의 사민士民에게 보낸 포고문을 그에게 전달했던 것 같다. 최익현은 포고문에서 일본의 정치·경제적 침탈을 강력히 성토함과 동시에 이른바 '을사5적'의 처단, 납세거부투쟁, 일본 제품의 불사용 및 불매운동을 전개하자는 내용이었다. 이때 최제학 등은 1905년 12월 25일 최익현이 충남 노성(현 논산시)의 궐리사闕里祠 강회시 최익현이 발표한 서고문誓告文을 전해주었는데, 그 요지는 국가는 망해가고 있지만 유교를 섬기는 종주국으로서의 정체성을 잃지 말자는 내용이었다. 아울러 유교를 제외한 모든 종교를 배척하고, 전통의 문물을 숭상하며, 근왕을 맹세하고 매국 5적과 그를 따르는 관리의 징치를 주장하는 내용이었다. 여기에는 포고문에서 제시한 행동강령도 반복하고 있으며, 이러한 내용을 모든 국민들이 알 수 있도록 한글로 번역하여 곳곳에 전달하라는 당부도 덧붙여져 있었다.

임병찬은 최제학이 방문한 다음날인 20일 최익현에게 곧바로 답장을 보내어 가담하겠다는 의사를 밝혔다. 5일후 서울의 곽봉훈郭鳳勳이 내려와 국민건의소國民建議所의 통첩通帖과 민영환閔泳煥 및 조병세趙秉世의 유서, 그리고 일진회를 성토하는 유림의 통문 등을 전해주었다. 이처럼 그는 여러 경로를 통해 을사조약 직후의 정치적 상황을 파악하였을 것이다.

2월 3일, 담양 장전의 이항선李恒善, 장성의 기우만 등이 그를 방문하였다. 이중 송사松沙 기우만은 노사蘆沙 기정진奇正鎭의 손자이자 노사학파를 이끄는 전남의 대표적 유학자였다. 이들은 추위를 녹인 후 창의 문제를 논의했는데, 통문을 작성하여 전라북도에는 임병찬이 배포하고, 전라남도에는 기우만이 배포하기로 합의하였다. 전라도의 남북에서 동시에 의병을 일으켜 생사를 같이하기로 결정한 것이다. 이때 전라북도에서 유포된 통문은 『황성신문』에 게재될 정도로 널리 퍼졌다.

전보의통全報義通

전북관찰사 한진창씨韓鎭昌氏가 내부에 보고하되 음력 3월 초 1일 밤에 김제군의 읍 근처 상점 벽에 하나의 방문을 게재했는데 그 방문의 뜻이 국가의 일이 이 지경에 이르렀으니 여러 말이 소용없다. 모든 사람들이 비록 장자방張子房과 제갈공명諸葛孔明이 다시 살아온대도 형세를 어찌 할 수 없다고 하니, 우리들의 미혹함이 자심하도다. 병가의 승패는 강약强弱과 이둔利鈍에 있지 않고, 오로지 지략과 용기를 지닌 장수가 충의의 병졸을 거느리고 한마음으로 힘을 합해야만 대사를 도모할 수 있는 것이다. 장자방과 제갈공명과 같은 인재가 어찌 재주를 시험한 다음에 세상에 나왔겠는가. 충성과 분노를 격동시켜 바야흐로 의거를 일으키고자 한다. 군율 의제衣制 기계 규례規例 등 여러 조항을 뒤에 적어 통문을 발송하고 만나는 장소 및 일자는 나중에 알릴 터이니 모두 모름지기 미리 준비하여 다음 통문을 기다리기 바란다. 혹 태만하고 소홀히 하여 군율을 범하여 후회하는 일이 없다면 다행이겠노라. 발통인發通人은 전남 흥도興島에 사는 장제세張濟世, 조안국趙安國, 배응천裴應天等이다.

〔군율〕 하나, 스스로 구습舊習을 믿고 군율을 따르지 않은 자는 참수한다. 하나, 몰래 적과 내통하여 군사기밀을 누설하는 자는 참수한다. 하나, 적과 싸울 때 두려워서 후퇴하는 자는 참수한다. 하나, 마을을 약탈하고 부녀자를 간음하는 자는 참수한다.

〔의제〕 하나, 모든 사람은 혹은 평량자平凉子, 혹은 넓은 소매와 두루마기, 전복戰服을 갖출 때 각자 가지고 있는 옷을 착용한다. 단 상의는 모두 황색으로 물을 들이고, 별도로 바지와 저고리 한 벌을 갖추고,

윗저고리는 가히 넓적다리를 가리고 팔꿈치 정도 내려오되 색깔은 태어난 간지에 따라 염색한다. 바지는 위로 가슴을 덮을 수 있고 정강이를 감싼다. 색깔은 태어난 간지에 따라 염색하며, 전대戰帶는 청색으로 염색하고, 수건은 홍색으로 염색한다.

〔기계〕 하나. 칼, 창, 활, 총은 각자 소지한 것을 가지고 오되, 힘써 갈고 닦아서 빛이 나야 한다. 배낭(백목 혹은 마포) 하나에 쌀 2되, 끈이 달린 주머니 2개, 표주박 1개, 화구火具: 火鐵. 부싯돌. 火羽 1, 집신 2켤레, 삿갓과 비옷 각 1, 새끼줄 3건을 지참한다.

〔규례〕 하나, 모두 모이는 날에 먼저 맹주를 정하고 그 지휘를 받을 것. 하나, 사람을 등용할 때는 문벌을 묻지 말고 비록 창우倡優와 백정白丁일지라도 만일 지용智勇을 갖췄으면 상좌에 모실 것. 하나, 통문이 도착한 즉시 번역하고 베껴서 각 면과 각 리에 두루 알려서 한사람이라도 알지 못하는 폐단이 없도록 할 것. 혹시라도 중간에 지체함이 있다면 이는 적의 무리이니 거의하는 날 먼저 그 군에 가서 그 군의 향장鄕長과 수서기首書記를 군율 위반자로 처리할 것. 하나, 이 통문은 모든 군읍에 도착하는 날 즉시 향청鄕廳에 바칠 것이라 하였더라.

-『황성신문』 1906년 4월 5일

이 통문은 1906년 음력 3월 초하룻날(양력 3. 25) 밤 전북 김제군 읍내 상점 벽에 게시되었다. 이 통문을 발견한 전북관찰사 한진창은 내부에 보고함으로써 신문에 게재된 것이다.

그런데 이 통문은 장제세, 조안국, 배응천을 대신하여 임병찬이 작성

전라도에 유포된 태인의병의 통문(『황성신문』 1906. 4. 5)

하여 각 군의 향장과 수서기에게 보낸 것이었다. 장제세 등이 어떤 사람인지는 정확하지 않으나, 그는 앞서 기우만 등과 논의를 통해 배응천을 추가하기로 합의한 바 있었다. 이로써 보면 장제세와 조안국은 그가 추천하였을 것이다. 하지만 이들의 행적은 전혀 찾을 수 없다. 더욱이 장제세 등이 흥도興島에 산다고 되어 있으나 아마 실제로 존재하는 섬은 아닌 듯하다. 산간 벽지에 사는 임병찬이 섬을 잘 알지 못하거니와 도서 지역에 사는 사람들과 교유하는 것도 어려웠을 것이다. 아마도 의병을 일으키겠다는 의지의 표현으로 허구의 섬 이름과 사람 이름을 제시한 것이 아닐까 한다. 즉 이들의 이름인 '제세濟世', '안국安國', '응천應天' 등의 용어는 임병찬과 기우만의 염원이 담긴 일반명사로 볼 수도 있기 때문이다. 실제 지명이거나 실명일 경우에 일제의 군경에 노출될 가능성이 크기 때문에 가명을 이용했을 것이고, 그것이 임병찬이 그들을 대신해서 이 통문을 작성한 이유로 짐작된다.

임병찬은 각 군의 향청을 주관하는 향장과 수서기에게 통문을 보내어 각 마을마다 빠짐없이 전달되도록 조처했다. 특히 의병의 준비 사항을 군율과 복장, 기계, 규칙 등 크게 네 분야로 나누어 매우 구체적으로 제시한 점에서 임병찬의 조직력을 엿볼 수 있다. 그는 20년 이상 전라도의 향리와 영리로서 능력을 인정받은 인물이었다. 의병을 준비하는 과정에서도 그의 치밀하고 조직적인 성품이 잘 드러난 것이라 할 수 있다. 또한 그의 이러한 능력은 동학농민전쟁 시기에 농민군의 방어조직을 운영했던 경험이 크게 작용하였을 것이다. 이러한 구상은 이미 1904년에 그가 의병을 도모할 때 수립된 것이었음은 앞서 살펴본 바와 같다. 그렇다 하더라도 이 통문은 중기 의병 시기에 봉기한 의진 중에서 가장 상세한 지침을 제시했다는 점에서 중요한 의미가 있다. 한편, 같은 시기에 기우만은 의병을 초모하는 통문을 인쇄하여 전남지역 각 군에 배포하였다. 전남관찰사 주석면朱錫冕은 이를 발견하여 내부로 보고했는데, 그러한 사실만 신문에 짤막하게 게재되었다. 이때 전남지역에 배포된 통문 역시 전북에서 발견된 것과 비슷한 내용이었을 것으로 짐작된다. 그는 임병찬과 합의하여 공동보조를 취하다가 발각되었을 것이다.

같은 달 9일 최제학이 최익현의 답장을 가지고 왔다. 이 편지를 통해 최익현은 의병을 일으켜 전북 운봉으로 진격하여 영·호남의 세력을 불러모으는 것이 좋지 않겠냐고 물었다. 10일 돌아간 최제학에게 준 답신에서 그는 전주를 장악하여 의병을 규합한 후 지리산으로 들어가 장기 항전進攻退守之計을 하는 것이 좋을 것 같다는 의견을 제시하였다. 이 과정에서 최제학은 여러 번 왕복하며 최익현의 뜻을 전달했고, 고석진高石鎭, 조우식趙愚植 등이 의병을 일으키는 방안을 제시했으며, 노사학파의 이항선도 두어 차례 더 임병찬을 만났다.

시묘 움막을 벗어나 하산하다

2월 30일 석양에 드디어 최익현이 종석산에 행차하였다. 이때 제자인 고석진, 최제학, 셋째아들인 최영복崔永福이 배종했는데, 최익현은 이날 임병찬을 처음 만나게 된 것이다. 지난달 19일 최익현의 편지로 시작해서 인편으로 서간을 왕복하며 거의방략을 숙의한 지 40일 만이었다. 최익현이 오는 날에도 그는 어머니 개성 왕씨 묘 곁의 움막에 있다가 산 아래로 내려온 것이다.

> 이 때에 병찬은 어머니 복服을 입고 상려喪廬에 거처하고 있으므로 선생은 병찬에게 상복을 벗고 종군할 것을 명하여, 무릇 군사 모집과 군량 비축, 군사 훈련에 관한 일을 모두 위임하였다.
>
> – 최제학, 「면암선생창의전말」, 『독립운동사자료집』 2, 1970, 58쪽.

임병찬은 시묘를 명분으로 다시는 산 아래로 내려오지 않겠노라 맹세했지만 최익현을 만나러 하산하였다. 그의 시묘가 현실도피나 은거의 명분이 아니었음을 거듭 확인할 수 있다. 비록 인편과 편지로써 서로를 알게 되었지만 거병의 문제가 두 사람에게 무엇보다 중요한 일이었던 것이다. 이때 그는 최익현으로부터 상복을 벗고 군무에 종사하도록 명령을 받았다. 아울러 그는 창의와 관련된 모든 일을 위임받은 막중한 임무를 부여받았다. 최익현은 그를 의병을 도모할 적임자로 지목한 것이다. 두 사람은 동아시아의 정세를 논의하며 의병을 일으킬 준비를 어떻게 할 것인지 의논하였다.

당시 임병찬은 최익현에게 "우리나라의 병사들은 훈련도 안된 데다 무기도 불리하므로 일본군을 상대하기가 어렵고, 외국에 도움을 청하고자 해도 믿을 수 없습니다. 다만 청일전쟁이 끝난 후 해산된 청나라 병사 대다수가 간도間島로 돌아갔습니다. 만약 이들을 용병으로 불러 성세聲勢로 삼으면 한 가닥 희망이 있으므로 먼저 재원을 조달한 후 검토할 필요가 있을 것입니다." 라고 말했다. 의병을 일으킨다 하더라도 나라를 구할 가능성이 적으므로 청일전쟁에서 패배한 청나라 병사들을 용병으로 활용하는 방안을 건의한 것이다. 하지만 이는 그들에게 지급할 재원을 마련하는 것이 선결 조건이었으므로 재정을 조달한 후에 검토하자는 것이었다. 그가 나라를 구하기 위해 구상한 다양한 방안의 하나로 거론했을 것이다.

다음 날 그는 최익현의 정식 제자로서의 예를 갖추고 본격적인 거병 준비에 착수하였다. 이 무렵 이른바 '순창 12의사'들은 최익현을 모시고 의병을 일으킬 준비에 전념하였으며, 최익현 역시 진안과 운봉 등지를 순회하며 의병을 모집하고 군수물자를 확보하기 위해 온 힘을 기울

면암 최익현의 초상화

였다. 3월 한 달 동안 의병을 일으킬 준비에 모두가 분주한 나날을 보냈으나 완벽한 거병 준비에는 촉박한 시간이었다. 더욱이 농번기는 눈앞에 다가왔고, 철석처럼 믿었던 사람들도 막상 거병 준비에 돌입하자 나타나지 않거나 약속을 지키지 않은 경우가 많았다. 이러한 상황에 대해 최익현을 지근거리에서 모셨던 최제학은, "선생은 남도에 온 이래로 서신을 영·호남 각처에 발송하여 함께 대사를 도모하자고 요청했는데, 평소에 큰 소리를 치던 이들도 모두 두려워서 피하며 즐거이 와서 모이지 않았고, 오직 문생 10여 명만이 쫓아다니면서 일을 경영하였다. 그러므로 무기와 군량이 아직까지 비축되지 못했다"라고 표현하였다.

원래 최익현은 호서, 영남, 호남의 여러 우국지사들과 연합하여 동시다발적으로 의병을 일으켜 연합전선을 구축할 계획이었다. 그는 곽한일郭漢一과 남규진南奎振에게 충청도에서 거병하여 영·호남에서 일어난 의병과 기각지세掎角之勢를 이루자고 권유했으며, 유인석柳麟錫에게 글을 보내어 남북에서 협력하여 항일전을 전개하자고 요청하였다. 또한 영남의 문인 조재학曺在學 등에게 편지를 보내어 의병을 일으켜 호응하라고 지시하였다. 하지만 민종식閔宗植이 충청도에서 의병을 일으켰을 뿐 다른 지역에서는 의병을 일으킬 조짐이 거의 없었던 것이다.

호남에서도 거병 준비가 여의치 않자, 임병찬은 최익현에게 준비가 미흡하여 가을로 늦추어 거의하는 것이 좋겠다고 제안하였다. 이에 대해 최익현은 그대의 말이 옳지만 일의 성패 여부를 떠나 나라의 위기를 구하려면 지금 당장 일어나도 시기적으로 이르지 않다고 하였다.

> 선비들을 무성서원으로 모이게 하여 강의를 끝내고서 의병을 일으키자는 발론을 하면 반드시 따르는 사람이 있을 것이니 즉시 태인읍으로 들어가서 의병을 일으키면 국내 지사가 점차로 모여들 것입니다. 사람과 재물이 확보되면 일을 치를 수 있을 것이요, 혹시 일이 잘못되더라도 역시 위로는 국가의 은혜에 보답하고 아래로는 뭇사람의 뜻을 격려할 것입니다.
>
> – 최제학, 「면암선생창의전말」, 62~63쪽.

임병찬은 스승의 뜻을 받들어 윤 4월 13일 태인의 무성서원武城書院에서 강회 후에 의병을 일으키기로 확정하였다. 그는 무성서원의 유생들에게 강회 날짜를 알리는 한편, 전라도 각지에 군호軍號를 비밀리에 전달하였다. 한편, 최익현은 의병을 일으켜 북상하여 이토오 등과 외교적 담판을 통해 을사조약을 철회시킬 것임을 다짐하는 창의소를 올렸다.

담양 용추사 회동

윤 4월 8일, 최제학은 최익현을 모시고 담양 용추사龍湫寺로 갔다. 이곳에서 송사 기우만 등과 만나기로 했던 것이다. 용추사는 회문산 자락의

깊숙한 산중에 자리잡고 있어서 인적이 드문 장소였다. 이들은 전남의 유생 50여 명과 함께 대일항전對日抗戰의 방법을 논의하였다. 사실, 최익현과 기우만은 1905년 12월 하순, 충남 노성魯城의 궐리사闕里祠 강회에서 서로의 입장을 타진한 바 있었다. 최익현은 궐리사 강회에 참석한 수백 명의 유생 앞에서 시국의 절박성과 거의의 필요성을 역설하였다. 이때 노사학파의 핵심인물인 정재규鄭載圭 등 10여 명이 참가했고, 이 자리에서 최익현과 정재규 사이에 의병과 관련된 모종의 협의가 이루어졌을 것이다.

이들은 동시다발적으로 의병을 일으켜야 한다는 점에 의견의 일치를 보았던 것 같다. 이를 위해 최익현은 호서와 영남 지역의 유학자들과 부단히 접촉하였다. 한편, 기우만은 곡성 도동사道東祠에서 의병을 일으키기 위해 전남의 각 군에 통문을 돌렸다. 이러한 사실을 일진회가 3월 초에 알게 되었고, 그들은 기우만 등이 향약소鄕約所를 기반삼아 의병을 일으킬 것이라며 일제의 경찰기관과 전라남도 관찰부에 보고하였다. 이 과정에서 기우만의 거병 준비 사실을 알게 된 전라남도 관찰사 주석면朱錫冕이 통문을 모두 수거하여 내부로 올려 보냈던 것이다. 결국 기우만과 정재규 등이 주도한 곡성의 도동사 거의 계획은 사전에 누설됨으로써 무산되고 말았다. 기우만의 연보에는 당시 상황을 "곡성 도동사에 모이기로 약속했는데 중간에서 저해하는 자가 있어 이내 파했다"라고 씌어 있다.

기우만 등은 곡성 도동사 거의가 무산된 후 전북 태인의 임병찬을 찾아가 거병 문제를 논의하였다. 이들은 강력한 일본군에 맞서기 위한 연

최익현과 기우만 일행이 회견한 담양 용추사

합의 필요성을 절감하였을 것이다. 그 일환으로 용추사에서 최익현과 기우만이 만나게 된 것이다. 용추사에서 이들은 의병을 일으키기로 합의함으로써 격문을 지어 각 군에 발송하였으며 동맹록도 작성하였다.

당시 발송된 격문의 일부를 소개하면 아래와 같다.

무릇 종실宗室·세신世臣·관찰사·수령 및 선비·농부·공장工匠·상공商工·서리·승려까지도 일제히 분기하여 마음과 힘을 합쳐 원수 오랑캐를 무찔러 그 종자를 없애고 그 소굴을 불지르며, 역적의 도당을 섬멸하여 그 머리를 베고 그 사지를 찢어서 위태로움을 편안하게 하여 나라의 명맥을 튼튼히 하고 비색한 끝에 태평이 와서 사람이 짐승이 되는 것을 면해야 할 것이다. 적이 강하다고 말하지 말라. 우리는 정의의 군사가 아닌가. 감히

이로써 통고하노니, 함께 힘쓸지어다. 위 격문을 삼가 순천·낙안·흥양·
여수·돌산·광양·장흥·보성·강진·해남·완도에 통고한다.

– 최제학, 「면암선생창의전말」, 67쪽.

모든 계층이 단결하여 항일투쟁에 나설 것을 촉구함과 동시에 주로
순천을 비롯한 전남의 동부 지역과 서남부의 연해 도서지역에 격문을
발송하였다.

그런데 이들은 거의방략과 의병의 주도권 문제에 있어서 견해가 달
랐던 것 같다. 이들은 일본의 우월한 군사력을 인정한 점에서는 인식을
같이하였으나, 일본세력을 물리치는 방안에서 차이가 있었다. 최익현은
의병을 규합하여 서울로 쳐들어가 대일외교담판론對日外交談判論을 목표로
삼았다. 이를 위해 최익현은 하나의 의진을 편성하여 북상하는 전략을
고수했던 것 같다. 반면에 기우만은 상소운동과 일제의 침략을 열강에
성토하는 외교활동에 주안점을 두는, 즉 상소운동 및 열강외교병행론을
주장하였다. 양자 사이의 거병 전략이 상당히 달랐음을 알 수 있다. 더
욱이 이들은 전라도의 의병 주도권 문제로 갈등을 빚었던 것 같다.

당시 최익현과 임병찬은 기우만의 협조를 얻어 나주로 들어가 그곳을
근거지로 삼으려는 안案과 남원을 점령한 후 박봉양朴鳳陽과 협력하여 운
봉으로 들어가 영남 우도의 호응을 얻으려는 안 가운데 하나를 선택할
계획이었다. 이러한 구상은, 동학농민전쟁 당시 나주와 운봉이 농민군
의 수중에 떨어지지 않았던 점을 고려한 것으로 보인다. 아다시피 나주
는 목사 민종렬閔種烈과 나주의 양반 및 이족들이 단결하여 나주읍을 굳

게 지켰으며, 운봉은 이족吏族 박봉양을 중심으로 농민군의 거센 공격을 막아내었다. 지형상으로도 두 곳은 요충지나 다름없었다. 따라서 최익현과 임병찬은 그러한 점을 높이 평가하여 나주와 운봉 중에서 웅거할 곳을 선택하려는 것이었다. 그러나 기우만과의 협상이 결렬됨으로써 태인의병은 본래 의도했던 목적을 달성할 수 없었다. 다만, 격문과 동맹록의 작성에 합의한 것으로 만족해야 했던 것이다. 이로 인해 최익현은 노사학파의 지역적 연고가 강한 전남의 서부지역보다는 동부지역과 남해 연안의 군읍에 격문을 발송하였다. 이는 기우만 등 노사학파의 입장을 배려한 것이라 하겠다. 이때 작성된 동맹록에는 최익현과 기우만을 비롯한 112명이 서명하였다.

태인의병의 활동

윤 4월 12일 최익현은 용추사를 출발하여 태인의 무성서원으로 발길을 돌렸으며, 기우만 일행은 전남으로 돌아갔다. 순창 피노리에서 유숙한 최익현 일행 수십명은 다음날 아침 태인의 무성서원에 도착하여 강회를 열었다. 강회를 마치고 최익현은 아래와 같이 호소하였다.

> 왜적이 국권을 장악하고 역신逆臣이 죄악을 빚어내어 5백 년 종묘사직과 3천 리 강토가 이미 멸망의 지경에 이르렀으니 임금은 남의 나라에 의탁하는 우공寓公의 치욕을 면치 못하고 민생은 어육魚肉의 참화에 모두 빠지게 되었다. 나는 구신舊臣의 처지에 있어 진실로 종묘사직과 미생의 화가

이 지경에 이른 것을 차마 볼 수 없으므로 나의 힘을 헤아리지 않고 대의를 만천하에 외치고자 함이요, 성공하고 못하는 것은 예측할 수 없다. 그러나 내가 한결 같은 마음으로 나라를 위해 죽음을 생각하고 살 생각을 하지 않는다면 천지신명이 반드시 도울 것이니 어찌 성공하지 못하겠는가. 나와 상대하는 그대들은 모두 나와 함께 사생을 같이 하겠는가.

- 최제학, 「면암선생창의전말」, 75쪽.

위와 같이 말하며 눈물로 호소하자, 사방에서 죽음으로써 명령에 따르겠다고 외쳤다. 그리하여 즉석에서 80여 명이 의병으로 종군하기를 자원하였다. 윤 4월 13일(양력 6. 4), 전라도 최초의 중기 의병이 결성된 것이다.

또한 최익현은 일본정부에 글을 보내어 16가지 죄를 물었는데, 무엇보다 일본의 신의信義 배반을 성토하였다. 일본의 열 여섯가지 죄상을 간단히 요약하면 다음과 같다.

1. 갑신년 다케조에 신이치로竹添進一郎의 난 당시 황제를 강제로 이궁하고 재상을 살육한 죄

2. 갑오년 오토리 게이스케大鳥圭介의 난 당시 궁궐을 불태워 약탈하고 전장典章 문물文物을 무너뜨린 죄

3. 을미년 미우라 고로三浦梧樓의 변 당시 왕후를 시해하고 역적을 보호한 대역무도大逆無道한 죄

4. 일본공사와 주차군사령관의 협박으로 철도 어장 삼포蔘圃 광산 등 국가

태인의병의 발상지 무성서원

의 재원을 강탈한 죄

5. 군사시설의 설치를 명분으로 토지를 강탈하고 친일세력을 등용시킨 죄

6. 군사시설을 빙자하여 철도와 토지를 강점한 죄

7. 한일의정서를 체결하여 자주 독립을 훼손한 죄

8. 우국충정의 상소를 올린 관료와 유생을 구금, 탄압한 죄

9. 일진회를 앞세워 여론을 조장하고 보안회 유약소 등의 구국활동을 탄
　압한 죄

10. 조선인을 멕시코 등에 강제로 보내어 노예로 전락시킨 죄

11. 전보사電報司와 우체사郵遞司 등 통신기관을 강탈, 장악한 죄

12. 일본인 고문관을 강제로 임명하여 우리의 재정을 파탄시킨 죄

13. 차관을 억지로 강요하고 엽전정리를 빙자하여 국가재정을 고갈시킨 죄

14. 군대를 동원하여 을사조약을 강요하여 외교권을 강탈한 죄

15. 통감으로 하여금 감독을 빙자하여 주권을 침탈한 죄

16. 이민조례를 만들어 일본인의 대거 유입을 방조한 죄

그는 일제의 정치·경제적 침탈을 구체적으로 나열한 후 "진실로 귀국을 위한 계책은 빨리 근본을 되찾는 것밖에 없으며, 근본으로 돌아가는 길은 또 신信을 지키고 의義를 밝히는 것밖에 없다. 신을 지키고 의를 밝히는 일은 어떻게 하여야 하는가. 빨리 이 글을 귀 황제에게 상주上奏하여 이상에서 열거한 열여섯 가지 큰 죄를 모두 회개해야 할 것이니, 통감을 철수하고 고문과 사령관을 소환하고 다시 충신忠信한 사람을 파견하여 공사로 삼아야 할 것이다. … 이는 우리나라를 위한 계책일 뿐만 아니라 귀국을 위한 계책이며, 귀국을 위한 계책일 뿐만 아니라 또한 동양 전체를 위한 계책이니 살피기 바란다"고 맺었다. 최익현은 국가적 신의를 중시하는 외교정책에 기대를 걸었음을 알 수 있다.

임병찬이 최익현을 모시고 의병을 일으켰다는 소식이 전라도 각지에 전해지자, 전북 도민들은 열렬히 환영하였다.

> 익현은 물러나 옥과에 주둔하며 각군에 격문을 전하자 전라북도 사민이
> 익현이 기의하였음을 듣고서 앞을 다투어 날뛰지 않은 사람이 없었는데,
> 내부자來附者가 심히 많았다.
>
> — 정교, 『대한계년사』 하, 국사편찬위원회, 1957, 219쪽.

태인의병의 첫번째 주둔지인 태인향교

전라북도 사람들이 태인의병의 봉기에 적극적으로 가담하였음을 보여준다.

이에 따라 임병찬은 약 80명을 기반삼아 즉시 대오隊伍를 편성하여 태인읍으로 행군하여 태인향교泰仁鄕校에 주둔하였다. 이미 태인 군수는 도망하였으나 백성들에게 국가의 위급한 상황을 설명하자 의병에 투신하는 자들이 계속 늘어났다. 그는 태인의 향장과 수서기를 불러 태인군에서 보유하고 있는 총검과 탄환 등 무기를 징발하는 한편, 의병들로 하여금 읍성을 순시토록 하였다. 최익현은 거의를 알리기 위해 상소했는데, 임병찬을 앞세워 북상할 것이라고 밝혔다.

태인의병은 태인향교에서 하룻밤을 주둔한 다음날인 윤 4월 14일 정읍으로 진군하였다. 이곳에서도 총검과 탄환, 화승 등 무기의 확보에 주

태인의병이 주둔하며 군사훈련을 실시한 내장사

력함과 동시에 의병을 초모했는데 약 100명을 확보하였다. 이들은 다시 행군하여 내장사內藏寺에 들어가 유진했는데, 고석진이 강종회姜鍾會과 함께 포수 30여 명을 데리고 합류하였다. 이때 태인의병은 약 300명으로 불어났다. 윤 4월 15일(양력 6. 6) 아침, 이들은 내장사 뜰에서 손종궁孫鍾弓의 지휘 하에 좌·우익으로 나뉘어 군사훈련을 실시함으로써 점차 의병의 면모를 갖추기 시작하였다. 이들은 30리를 이동하여 순창 구암사龜巖寺에 주둔하였다. 이곳이 지세가 험하고 튼튼한 요충지였기 때문이었다. 다음날 이들이 순창읍으로 들어가자 수백명의 이속과 주민들이 마중을 나왔으며, 군수 이건용李建鎔도 의진을 방문하였다.

순창에서도 수성장守城將을 시켜 총포를 거두어들였으며, 이틀에 걸쳐 포수들이 대거 가담하였다. 즉 채영찬蔡永贊과 양윤숙楊允淑 등이 각각 수십명의 포수를 데리고 가담하였다. 그리하여 임병찬은 포수들을 통솔하기 위해 강종회를 화포장火砲長으로, 채영찬과 김갑술金甲述을 수포수首砲手로 삼았다. 나아가 태인의병은 의병장, 부장副將, 좌익장, 우익장, 선봉장, 중군장, 후군장, 소모장, 좌종사, 우종사, 서기 등의 부서를 정했다. 의진을 결성한 지 4일만에야 태인의병은 의진으로서의 편제를 갖추기 시작한 것이다. 임병찬은 의진의 핵심인물로 활동했으며, 김기술, 유종규, 이용길, 손종궁, 정시해, 최제학 등 약 20명이 앞서 제시한 직책들을 맡아 의진을 이끌었다. 이를 바탕으로 이들은 순창군으로 진군하던 일본 군경 10여 명을 격퇴하기도 했다.

이후 이들은 진군 방향을 놓고 두 갈래로 의견이 나뉘었다. 임현주는 남원-운봉으로 나아갈 것을 주장했으나, 기준도 등은 곡성으로 진군하자는 것이었다. 이로써 보면 진군로에 대한 계획도 사전에 수립하지 않았음을 알 수 있다. 결국 이들은 곡성으로 행군하여 연청椽廳에 주둔하였다. 최익현 일행은 곡성의 대표적 양반가인 안중섭安重燮과 대표적 향리가인 정일택丁日宅을 만나 무기조달과 군수 지원을 요청하고자 하였다. 당시 곡성 출신의 조우식과 조영선 등이 최익현과 동행하고 있었는데, 안중섭은 칭병稱病을, 정일택은 외출을 핑계삼아 나타나지도 않았다. 이에 대해 정일택의 아들 정규태는 지금 시대가 어느 때인데 의병이냐며 도리어 반문했다 한다. 정규태는 최익현의 제자였는데, 평소에는 거유巨儒의 명성에 기대어 제자연하며 사제관계를 자랑했지만 정작 대의를 위한 군수 지원은 외면하며 나몰라 했던 것이다.

태인의병의 진군로

    18일 아침, 이들은 곡성군수로 하여금 무기를 거두어 바치게 했으며,
이후 남원으로 가려던 계획을 바꾸어 순창으로 회군하였다. 남원에 이
미 군대가 배치되어 진군이 쉽지 않았고, 순창 삼방포수三坊砲手 100여 명
이 구암사와 백양사에서 기다리고 있었기 때문이다. 회군 도중 오산에
서 유진했는데, 김송현金松鉉 등이 포수 수십명을 이끌고 합세하였다. 이
무렵 태인의병은 600명으로 늘어났다.

    윤 4월 19일, 일본 군경 10여 명이 순창에 들어왔다가 의병에게 발
견되어 급히 달아나는 일이 발생하였다. 태인의병은 그들이 미처 챙기
지 못하고 남긴 서류와 무기 등속을 노획하였다. 이 문서에는 순창군수
이건용이 전북 관찰사 한진창韓鎭昌과 밀통하여 일본군을 끌어들여 태인
의병을 진압하기 위한 비밀문서가 포함되어 있었다. 최익현은 이건용

을 왜적보다 더 나쁜 개·돼지만도 못한 놈이므로 목을 베어 경계로 삼겠다고 호령하였다. 사색死色이 다 된 이건용이 극구 용서를 빌자, 임병찬 등의 도움으로 겨우 목숨을 구하였다. 최익현은 이건용을 선봉장으로 삼아 태인의병의 휘하에 두었다. 순창으로 회군한 태인의병의 군세는 900여 명으로 크게 증가하였다. 하지만 그 절반은 큰 소매달린 옷을 입은 자가 많고 총을 가진 자는 적었다.

태인의병의 활동은 크게 보면 세 가지 방향으로 이루어졌다.

첫째는 포수 위주의 의병의 초모활동이다. 임병찬은 자신의 역량을 총동원하여 포수의 영입에 힘을 기울였다. 이들의 뛰어난 사냥 솜씨와 해박한 지리적 능력이 의병활동에 도움이 될 것이라 기대했기 때문이다. 하지만 그는 "같이 갈 인원을 총계해 보니 900여 명이나 되는데 그 중에 서생이 반이 넘고 총과 칼을 가진 자는 겨우 300여 명"이었다고 하며 아쉬워하였다.

둘째는 의병활동을 수행하기 위한 군자금을 조달하는 활동이다. 이를 위해 태인 곡성 순창 등지에서 세금에서 남은 공금과 곡식을 거두어 군자금으로 사용하였다.

셋째는 의병항쟁에 필요한 무기의 수집 활동이다. 그는 행군하는 지역에서 총기와 화약 등을 거두어들였다. 무기와 전곡의 징발은 주로 해당 지역의 향장과 수서기를 통해 이루어졌다. 20년 이상 향리로 활동한 그의 경험이 의병초모와 군자금 조달 활동에 크게 도움이 되었을 것이다. 그는 주로 향교와 연리청을 근거지로 활용했는데, 향교는 최익현의 영향력이, 연리청은 그의 영향력이 미치는 공간이었기 때문이다.

태인의병의 이러한 활동은 북상을 위한 준비과정이었을 것이다. 이를 위해 임병찬은 태인 무성서원에서 의병을 결성하여 태인－정읍－순창－곡성－순창 순으로 약 일주일에 걸쳐 행군하였다. 원래 이들은 남원을 거쳐 운봉으로 들어갈 계획이었으나 길이 가로막혀 장성으로 방향을 돌려 잡았다.

태인의병의 해산과 13의사의 압송

윤 4월 20일 날이 밝자, 전남관찰사 이도재李道宰가 영리를 파견하여 고종의 칙지를 전달하며 해산을 종용하였다. 또한 칙지를 전달한 영리는, 광주진위대 50명이 담양의 경계에서 지키고 있으며, 옥과에 주둔 중임을 알려주었다. 뿐만 아니라 순창의 외곽에서는 전주와 남원의 진위대가 이들을 에워싸고 있었다. 앞서 일제는 태인의병을 정찰할 목적으로 군대와 경찰 10여 명을 파견하였다가 중과부적으로 도망치고 말았다. 이후 일제는 태인의병을 진압하기 위해 전라남북도의 진위대를 동원했다.

최익현은 이미 고종에게 거의한 사실을 상소했기 때문에 비답이 내려오기 전에 해산하라는 관찰사의 명령은 월권이라 주장하였다. 태인의병은 다음 목적지인 장성으로 진군하려다 전주와 남원 진위대로부터 공격을 받았다. 최익현은 "한인으로서 한인을 치는 것은 차마 할 수 없는 일로서 동족끼리 서로 해치는 것을 원하지 않는다"며 의진의 해산을 명령하였다. 하지만 최익현의 2~3차례의 해산 명령에도 불응하며 계속 잔

최익현과 12의사가 체포된 순창 객사

류를 고집하는 의병들이 적지 않았다. 물론 대다수의 의병은 새처럼 흩어졌는데, 이들 가운데 일부의 포수들은 하루에 40전 내외의 수당을 지급받은 점으로 보아 용병적 성격이 농후한 자들이었다. 따라서 최익현이 해산을 명령하였고 진위대의 공격이 임박한 상황에 처하자 바람같이 사라진 것이다.

다만, 100여 명의 유생과 포수들이 돌아가지 않고 머물러 있었다. 그러나 이날 오후 6시경부터 시작된 진위대의 공격으로 인해 이들도 비오듯 쏟아지는 총탄을 견딜 수 없었다. 이들이 머물던 순창의 객사는 벽이 무너지고 기와가 깨지는 등 그야말로 아수라장이 되었기 때문이다.

그럼에도 불구하고 죽음을 각오하고 순창의 객사를 떠나지 않고 최익현을 지키는 이들이 22명이나 되었다. 그 중에 포수였던 채영찬과 김갑술은 총을 들고 서서 물러나지 않았다. 임병찬이 이들에게 왜 돌아가지 않으냐고 묻자, 채영찬은 전투에 임해 대장을 돌아보지 않고 각자 살기 위해 도망하는 것은 의리가 아니므로 함께 죽을 것이라고 말했다. 임병찬은 이들이야말로 참된 의사라며 장하게 여겼다. 그는 최익현의 지시를 받아 이들을 포함한 22명의 성명을 벽에 붙이고 의진의 서류를 종성리 본가로 보냈다. 거의에 관한 서류를 빼앗기지 않기 위함이었다. 저녁 8시경 중군장 정시해鄭時海는 벽을 뚫고 들어온 탄환에 맞아 절명하였다. 이를 지켜본 최익현과 그 제자들은 슬픔을 감출 수 없었으며, 마침 우레와 벼락을 동반한 비바람이 몰아쳤다. 통곡 소리가 사방으로 퍼져나가자 진위대의 총성도 멈추었다. 윤 4월 20일 밤은 깊어가고 촛불 사위도 사라질 무렵 최익현과 임병찬 등 이른바 12의사가 남아 있었다.

다음날 진위대가 이들을 포위했는데, 유종규柳鍾奎만이 정시해의 치상 준비를 위해 밖으로 나가는 것이 허락되었다. 진위대는 이들을 에워싸고 일본군은 이들의 출입을 통제하며 감시하였다. 이 와중에도 최익현은, "배 안에서도 대학을 강론하고 감옥에서도 상서를 읽은 일이 옛적에도 있었으니 제군들도 각기 글 1편씩 외우라"며 자신이 먼저 맹자의 「호연浩然」, 「웅어熊魚」 2장을 암송하니 각자 차례로 1장씩 외웠다. 선비로서의 면모를 여실히 보여준 것이다.

22일, 일본군 8명이 이들이 포위된 객사의 문을 지켰다. 이때 늙은 기생 하엽荷葉은 인삼탕 2사발과 소주 12잔을 가져와 이들에게 바치려 하였다. 하지만 진위대 병사들이 가로막자, "이것을 올리게 된다면 죽어도

여한이 없겠다"고 하자 문지기들이 감복하여 들이게 했다. 일본인 경무고문관 츠나시마 고이치로綱島幸次郞이 통역과 같이 들어와 상황을 파악한 후 돌아갔다. 23일 전주진위대 소대장이 이들을 서울로 압송한다고 통보했으며, 일본군이 이들을 모두 끌어내어 결박을 지워 길을 재촉하였다. 당시 최익현과 임병찬은 가마를 탔으나, 나머지 11명은 줄지어 묶여 걸어갔다. 이들을 압송하는 일본 군경과 한국인 순검 등은 무려 80여 명이나 되었다. 이로써 태인의병은 거병한지 열흘 만에 종식되었다.

태인의병의 체포기사(『황성신문』 1906. 6. 14)

태인의병이 해산되면서 화승총 30정, 군도 40본本, 화살 2짐, 탄약 6자루, 성곽방어용 철제 삼본정三本釘 약 5만 개, 소포小砲 1문 등을 일제에 빼앗겼다. 태인의병이 방어용 마름쇠를 다량으로 확보한 점으로 보아 일정 지역을 점거할 계획이었음을 알 수 있다. 앞서 말한 바와 같이 태인의병은 나주와 운봉 중에 한 지역을 선택하여 웅거할 계획이었다. 이 가운데 나주에 웅거할 계획은 기우만과의 협상이 결렬되면서 취소되었기 때문에 운봉이 유력한 웅거지였을 것이다. 하지만 남원을 통해 운봉으로 들어가려던 이들의 계획은 의외로 견고한 관군의 방어에 가로막히고 말았다.

사실 최익현은 운봉에 웅거할 계획에 기대가 컸었다. 태인의병을 일으키기 한 달 전에 그러한 논의가 이루어졌다.

> 임낙안과 같은 지모가 원대한 인물이 있으니 운봉 박주서朴注書(박봉양 – 저자주)와 더불어 서로 통정하고 한 날 한 시에 다 같이 군사를 일으켜 합세해서 몰고 가야만 영·호남 지역 의병의 기세가 크게 떨칠 것이요, 또 화개 강두령姜頭領과 서로 통하여 남북으로 호응하면 형세가 더욱 커질 것입니다.
> ─최제학, 「면암선생창의전말」, 59~60쪽.

영·호남의 의병을 추동시키고 지리산의 남북에서 호응함으로써 강력한 의진을 형성할 수 있으리라 기대했기 때문이다. 운봉의 박봉양은 동학농민전쟁 당시 운봉을 지켜낸 인물로서 향리출신이었고 화개의 강두령은 아마도 포수일 가능성이 크다. 향리출신의 임병찬과 박봉양, 그리고 포수 출신이 힘을 합해 영·호남의 의병을 격동시키려는 임무를 부여받았던 것이다. 이를 위한 최적의 장소가 바로 영·호남을 이어주는 길목으로 군사적 요충지인 운봉에 주목했으나, 태인의병이 해산됨으로써 수포로 돌아가고 말았다.

태인의병이 해산된 후 최익현과 임병찬을 비롯한 13인은 의병에서 포로이자 죄수의 신분으로 바뀌었다. 의병으로서 서울 진격을 도모했던 이들이 일제에 의해 체포되어 죄수의 신분으로 서울로 가는 심정은 어떠했을지 짐작해볼 수 있다. 이들이 오랏줄에 결박당해 순창을 출발할 때 갑자기 세 겹의 햇무리가 나타났다고 전한다. 서울로 압송되는 첫날

이들은 임실 갈담역(葛潭驛)에서 유숙하였
다. 이튿날 출발하면서 최익현은 11인
의 결박을 풀어달라고 요구했는데, 겨
우 수갑을 풀어줄 뿐이었다. 이들은 전
주를 거쳐 여산(礪山), 연산(連山), 진잠(鎭岑)
을 지나 5일 만에 대전역(大田驛)에 도착
하였다. 서울행 기차를 기다리는 동안
일본인 사진기사가 최익현의 사진을 찍
었다.

대전역에서 일본군의 감시를 받고 있는
최익현과 12의사

윤 4월 27일(양력 6. 18) 오후 이들은
강제로 기차에 태워졌는데, 조치원에
당도하자 임병찬은 몰래 쪽지를 돌려
"우리들 이번 걸음에는 오직 죽음이 있
을 뿐"이라며 각오를 다졌다. 서울에 도착해서 일본군사령부로 압송하
려 하자, 최익현은 법부로 보내달라고 강력히 요구하였다. 이에 아랑곳
하지 않고 일본군은 이들을 일본군사령부로 호송했는데, 이곳은 최익현
이 1905년 봄에도 구금되었던 장소였다. 또한 홍주의병 문석환(文奭煥) 등
80여 명도 이곳에 감금되어 있었다.

임병찬 등 12인도 도포와 갓, 망건 등을 빼앗긴 채 감방에 갇혔다. 이
들은 정부 관료와의 연루설 및 고종의 밀지설(密旨說)과 관련하여 집요한
추궁을 받았다. 윤 4월 29일부터 차례로 혹독한 문초를 당했으나 모두
굽히지 않았다. 예컨대, 일본군은 최제학을 "노끈으로 두 손가락을 잡아

매서 처마 끝에 달고 몽둥이로 양 손을 두들기며 따귀를 때리고 다리를 차면서 바른대로 대라"고 고문하였다. 이에 대해 최제학은 "너희는 독한 매로 능사를 삼으나 나는 비록 뼈가 가루가 되어도 절대로 말하지 않겠다"며 고통을 참아냈다. 당시 문달환은 두 무릎이 마비되어 거동을 하지 못할 정도였으며, 유해용은 매를 맞은 독으로 인해 부스럼이 생긴데다 볼깃살이 없어질 정도였으나 태연자약하였다. 이처럼 이들 대부분은 숨을 제대로 쉴 수조차 없을 정도로 가혹한 고문을 당하였다.

임병찬 역시 일제의 집요한 심문을 받았다. 그가 남긴 「문답기問答記」에 의해 당시 정황을 살필 수 있다. 먼저 그는 소매속에 감추어 둔 밀칙密勅을 소지하게 된 경위에 대해 추궁을 받았다. 더욱이 같은 내용의 밀칙이 최익현의 책 상자에도 있게 된 연유에 대해서도 심문을 받았다. 그는 강원도 철원의 김씨 성의 과객이 전한 밀칙을 베껴 간직했을 뿐이며, 최익현에게는 자신이 써드린 것이라고 답변하였다. 그 이상 추궁을 하지 않은 것으로 보아 뚜렷한 단서를 찾지 못한 것 같다.

다음으로 일제는 그에게 태인의병의 지휘부에 대한 내용을 심문하였다.

우리 13인 중에 선생은 나이 8순에 가까웠으니 너무 늙으셨고, 동반同伴한 11인은 모두 백면서생白面書生으로서 군사의 일을 알지 못하고 다만 나라를 근심하여 분히 여겨서 스승을 좇아 거의했을 뿐이다. 그래서 참모와 장좌將佐는 처음부터 갖추어지지 않았고, 크고 작은 시종始終의 일은 내가 주선했으니 무슨 일이든지 내가 마땅히 실지대로 말할 것인즉 까다롭게 선생이나 동반들에게 묻지 말기를 바란다.

– 임병찬, 「돈헌문답기」, 『독립운동사자료집』 2, 1970, 115쪽.

임병찬은 이번 거사의 모든 책임은 자신에게 있으므로 최익현과 다른 동료들을 심문하지 말고 자신에게 물어보라고 당당한 자세로 심문을 받았음을 알 수 있다.

이어 그는 자신의 소신대로 일본에 가서 담판을 하지 못하고 죽는 것이 한스럽다고 말하였다. 즉, 그는 의병을 일으킨 목적에 대해 "일본에 가서 너희 황제에게 동양 순치脣齒의 형세를 설명"하기 위한 것이라고 당당하게 주장했으며, 만약 들어주지 않으면 세상에 나의 뜻을 떳떳하게 밝힌 후 자결할 생각이었으나 지금 이렇게 체포되었으니 어찌 한스럽지 않겠느냐고 반문하였다.

거병한 사실 외에는 아무 것도 입증되지 않자, 일제는 이들에게 군율위반죄軍律違反罪를 적용하여 최익현을 대마도對馬島 감금 3년, 임병찬 감금 2년, 고석진·최제학을 군사령부 감금 4개월, 나머지 유해용 등은 태형笞刑 100대를 선고하였다. 1906년 6월 25일(양력 8. 14)의 일이었는데, 다음날 유해용 등 9명은 각자 100대씩 태형을 맞고서 석방되었다. 고석진과 최제학은 감금 4개월을 모두 채우고 그해 양력 12월 중순에 풀려났다. 최익현과 임병찬 등은 7월 8일에 대마도의 엄원嚴原에 소재한 일본군 위수영衛戍營으로 압송되었다.

이 때의 상황을 당시 신문은 「살아 돌아오는 것을 원하지 않는다不願生還」라는 제목으로 다음과 같이 전하고 있다.

전라도에서 금번 창의했다가 붙잡여 일본사령부에 있는 최찬정익현씨崔贊政益鉉氏는 감금 3년에 처하고 임병찬은 감금 2년에 처하였다. 고석진 최제학은 왕복 편지 2통이 짐 속에 있는 고로 감금 4달에 처하고, 김기술, 문달환, 양재해, 조우식, 조영선, 유해용, 임현주, 나기덕, 이용길 등은 태笞 100에 석방했다. 태형을 받고 석방된 이들이 함께 죽기를 원하고 살아 돌아가는 것도 원하지 않으며 노선생과 같이 감금되기를 힘써 요구하고 죽기를 무릅쓰고 감옥에서 나오지 않았다. 이에 일본 헌병들이 이미 중형을 처분하였으므로 이들 9명을 끌어내어 문 밖에 내다 버리자, 이들의 의분義憤이 더욱 끌어 올라 총검의 고통을 모두 잊어버리고 울면서 머물고 있다 한다.

―『대한매일신보』 1906. 8. 19.

태인의병 13명에 대한 일본군사령부의 선고 결과를 알 수 있다. 또한 태형 처분을 받은 9명이 감옥 안에서 뿐만 아니라 밖에 나와서도 일치단결하여 함께 죽고 함께 살 것임을 천명하는 과정을 잘 보여준다.

태인의병의 의병활동은 열흘만에 종식되었지만, 이들이 호남지역의 후기의병에 미친 영향은 예상보다 훨씬 컸다. 일제 통감부는 "전라남도 각 군의 인심이 흉흉해졌으며 도처에서 떠도는 소문과 유언비어에 현혹되는 경우가 있어서 각 지역에 소재한 일본인도 또한 그들의 생업에 편히 종사할 수 없는 상태가 되었다"라고 당시 상황을 외무성에 보고하였다. 태인의병의 봉기는 전남 도민을 격동시켰을 뿐만 아니라 이 지역에 이주한 일본인들조차 요동치게 했음을 알 수 있다.

1907년 이후 태인의병의 영향을 받아 전라도에서는 수많은 의진이

●不願生還 全繼道今番倡義

被執於日本司令部호로崔贊政益

鉉氏는役三年에處하고林炳찬

온役二年에處하고金箕述

혹은往復書二度가行하얏음에在

故로役四朔에處하고趙

文達煥梁在海趙愚植교柳

海龍林顯周羅基德李峰吉等은

笞一百에放送하얏는디受管得

放호諸氏가竊慕諏洪之同夙하

고不顧洪皓之生遠하야丈席老

先生과同被監禁하게다力爭하

고抵死不出호日兵에既施重

刑하고旋即曳出하여棄之門外

하니諸氏가義憤이重激하여棒

창애痛苦를金忘하고呼泣逗류

호다더라

일제의 선고에 대한 태인의병의 대응(『대한매일신보』 1906. 8. 19)

결성되었다. 화순에서 양회일이 주도한 쌍산의소雙山義所를 비롯하여 광양의 백낙구白樂九, 창평의 고광순高光洵과 이항선, 장성의 강재천姜在天, 순천의 조규하趙奎夏, 임실의 이석용李錫庸과 전수용全垂鏞, 순창의 양윤숙, 남원의 양한규梁漢奎 등 호남의 우국지사들이 태인의병의 영향을 받아 꼬리를 물고 동시다발적으로 의병을 일으킨 것이다. 이에 대해 일제는 "최의 잔당은 끊임없이 민심을 선동 도발"하고 있다고 우려를 표명하였다. 이와 같이 태인의병은 전라도의 중기의병을 선도하였을 뿐만 아니라 1907년 후반이후 시작된 후기의병의 활성화에 지대한 영향을 주었다. 전라도를 넘어 전국적으로 태인의병의 영향이 퍼졌음은 물론이다. 그것은 대마도에 끌려간 최익현과 임병찬이 온갖 고초 끝에 순국한 사실이 전국에 널리 파급되었기 때문이다. 이러한 태인의병을 실질적으로 결성하고 활동을 이끌었던 인물이 바로 임병찬이었음에 주목해야 할 것이다.

대마도에서의 감금 생활

대마도로 잡혀 가는 길

1906년 6월 27일 아침, 일본인 헌병이 임병찬과 같은 감방에 있던 이용 길을 데려갔다. 바로 전날 이들은 각기 형량을 선고받았으므로 처분이 뒤따를 예정이었는데, 100대의 태형을 선고받은 이용길이 헌병에 끌려 간 것이다.

> 매를 때리는 소리가 마치 도리깨로 보리타작하는 소리처럼 들려온다. 칼로 살을 에이는 듯해서 차마 들을 수가 없다. 그러나 매를 맞는 사람들은 한 사람도 소리를 내지 않으니 참으로 공경할 일이요, 다행한 일이다. 오후에 이르러서야 매를 때리는 소리가 비로소 그친다. 판자 틈으로 내다보니 아 홉 사람을 모두 문 밖으로 놓아 내보낸다. — 임병찬, 「대마도일기」, 130쪽.

최익현과 임병찬의 대마도 압송 기사(『대한매일신보』1906. 8. 28)

　　최익현을 포함한 13명 가운데 4명은 감금형을 선고받았고, 9명은 각자 100대의 태형을 선고받았는데, 이들은 아무도 비명을 지르지 않고 일제의 무지막지한 태형을 묵묵히 견뎌낸 것이다. 이렇게 된 데에는 일제가 이른바 '홍주9의사'에게 태형을 집행할 때 '아이고'를 연발하는 홍주의병의 행동이 거울이 되었다. 이들은 서로 다짐하며 혀를 깨물고 혹독한 태형을 참아냈던 것이다. 태형으로 인해 김기술은 병들어 몸져 누웠으며, 양재해는 장독杖毒으로 인해 생명이 위독한 상태였다. 이 점만 보더라도 일제의 태형이 얼마나 야만적이고 무자비했는지를 잘 보여 준다.

　　7월 8일(양력 8. 28) 임병찬은 짐을 챙겨 나오라는 헌병의 말을 듣고 대마도로 출발하리라 직감하였다. 그는 4개월의 감금형을 받은 고석진 최제학과 이별의 말을 나누고 서울역으로 출발하였다. 서울역에서 최익현을 만난 임병찬은 배웅을 나온 문달환 등 7명과 작별인사를 나누었다. 임병찬은 최익현과 함께 큰 아들 응철과 동생 병대炳大, 최익현의 자제인 영조永祚, 영학永學, 영설永卨, 그리고 전국 각지에서 올라온 뜻있는 사람들을 뒤로 남긴 채 부산을 향해 출발했다.

그런데 서울에서 대마도로 압송되는 과정을 당시 신문에서는 「최와 임이 출발할 때 눈물로 이별(崔林發程時哭別)」이란 제목으로 다음과 같이 보도하였다.

> 금번 최익현 임병찬 양씨가 일인에게 붙잡혀 대마도로 압거押去하는데 어 제 같이 붙잡혀 구금되었다가 중형重刑을 받고 풀려난 9인 등과 진신장보 縉紳章甫 30여 사람이 남대문 밖 기차 정거장에 모두 가서 통곡하며 송별送 別하였다.
> ―『대한매일신보』 1906. 8. 28

이들이 서울을 출발할 때 일본 헌병들은 자제와 제자들의 동행을 막 았다. 임병찬의 친지와 최익현의 가족들은 뒤에 출발하는 기차를 몰 래 타고서 부산으로 출발했다. 그런데 뜻밖에도 임병찬이 탑승한 기차 의 실화失火 사고로 인해 뒤의 기차로 갈아타게 됨으로써 기차 안에서 서 로 만나 부산항까지 동행하게 되었다. 하늘도 무심하지 않았을까 이들 의 소망을 이루어준 것이다.

날이 저물 무렵 도착한 이들은 잠시 일본 상점에서 휴식을 취한 후 친 지와 제자들로부터 눈물의 환송을 받으며 대마도로 출발하는 배에 올 랐다.

드디어 배에 오르니 뱃고동 소리를 울리며 만리 창해를 향해 출항하였다. 그 자질과 문도들이 망망대해를 바라보며 탄식하다가 돌아오기를 호소하며 통곡하였다. 이때 항구에서 공연을 하는 자들이 그 통곡소리를 듣고서 서로 말하기를 '의로운 깃발이 꺾였는데 우리가 차마 즐겁게 공연하겠는가'라고 하였다. 상무소商務所 및 부산항의 남녀노소들도 도로를 가로막고 울면서 말하기를, '우리들이 모두 바닷가에 사는 어리석은 백성들이지만 비록 나라를 팔아먹는 도적들이 벼슬아치로서 이 앞을 지나더라도 강제로 송영送迎의 의례를 해주었다. 하물며 우리 2천만 동포의 표상이 국모의 원수를 갚지 못하고 도리어 원수의 땅으로 결박당해 가는 마당에 아무리 경황중이라 할지라도 크게 통곡과 이별을 하지 않을 수 있겠는가'라고 하면서 '하늘이시여 도와주소서 이 분들이 어떤 사람인가요? 엎드려 원하옵건대 배행했던 모든 군자들은 모름지기 우리를 믿고 숙박해주신다면 통곡으로 이별하는 그대들에게 우리가 조금이나마 도움이 될 것 같습니다'라고 말하였다. (중략) 하룻밤을 지낸 후 다음날 아침 부산항 백성들에게 감사의 뜻을 전하자, 그들은 '지금 국가의 욕됨이 그와 같고 우리 선생의 조난이 이에 이르렀는데, 우리들이 어찌 모른 채 내버려두고 살겠습니까'라고 말하며 눈물로 이별하고 돌아갔다더라

―「因火同車」, 『대한매일신보』 1906. 9. 9

자제와 제자들이 눈물로써 통곡하는 광경을 본 부산항의 재인才人들과 상무사와 부산항의 남녀노소가 모두 탄식하며 이들의 이별에 적극 동참했음을 알 수 있다. 아울러 송별하는 모든 사람들에게 숙박 등 편의를 제공했다는 것이다. 부산항에서 활동하는 재인과 상무사, 주민들조차 임병찬과 최익현의 의거에 크게 감동했던 것이다.

다음날 새벽 이들은 대마도 엄원嚴原의 어느 잠농교사蠶農敎舍에 도착하였다. 일본군이 이들을 먼저 맞이하여 간단한 검사를 마친 후 거처할 곳으로 안내하였다. 그곳에는 이들보다 20일 앞서 '홍주9의사'가 감금되어 있었다. 이들은 양력 8월 8일 대마도에 압송되어 감금생활 중이었다. 일본 제국주의 세력을 쫓아내기 위해 의병을 일으켰던 중기의병의 양대 산맥 지도자들이 적국 대마도에서 만나게 되었으니 이들의 심정이 어떠했겠는가.

더욱이 이들이 감금된 대마도는 고온다습의 여름 날씨가 맹위를 떨치던 때였다. 모든 게 낯설고 불편하기 짝이 없었을 것이다. 하지만 최익현이 먼저 대마도에 도착한 심정을 시로써 토로하자, 모두 여기에 화답하는 시를 지어 대한 선비의 올곧은 기상을 전하였다. 임병찬은 스승의 시에 다음과 같이 화답하였다.

하루 만에 배를 타고 만리 길을 왔네
저녁 구름 새벽 달에 슬픔을 이기지 못해
서녘을 바라보며 고향 산천 어디일런지
쓸쓸한 매미 소리는 옛 고향과 같구나.

– 임병찬, 「대마도일기」, 『독립운동사자료집』 2, 1970, 133쪽.

임병찬은 대마도에 감금된 후 처음으로 자신의 심경을 나타낸 것이다.
그런데 일제의 한말의병에 대한 대마도 감금정책은 통감부의 요청에 의해 이루어진 것이었다. 1906년 전반 을사조약을 폐기하려는 홍주의병이 대규모로 봉기하자, 이토오 히로부미는 이들에 대한 특단의 조처를 강구하였다. 홍주의병의 핵심인물들을 사형에 처하기보다는 이들을 한국과 가까운 대마도에 격리시키는 방안을 모색한 것이다. 당시 한말 의병 가운데 규모가 가장 크고 격렬하게 저항하던 홍주의병을 지금까지와는 전혀 다른 방법으로 처리하려는 것이었다.

여기에서 주목되는 사실은 영국이 이집트를 침략할 때 이집트의 독립운동 지도자인 아라비 파샤Arabi Pasha(1839~1911)를 처리한 사례를 적용한 점이다. 아라비 파샤는 영국의 침략에 반대한 이집트의 전설적인 독립운동 지도자였다. 그는 1882년 9월 영국군과의 전투에서 패한 후 체포되어 군사재판에 회부되어 사형을 선고받았다. 그를 사형에 처할 경우 이집트인들의 반영감정이 더욱 고조될 것을 우려한 영국 정부는 그를 종신형으로 감형한 후 영국의 또 다른 식민지였던 실론Cylon의 콜롬보Colombo에 거의 20년간 유폐시켰다. 이토오는 영국이 아라비 파샤를 유폐했던 역사적 사례에 착안하여 홍주의병을 대마도에 감금하는 방안을 강구했던 것이다. 다시 말해 그는 홍주의병과 태인의병의 지도자들을 이집트의 아라비 파샤와 동일하게 인식했던 것이다.

그리하여 이토오는 '홍주9의사'를 대마도에 감금할 계획을 확정한 후 감금된 의병들의 처우에 관한 구체적인 사항들을 일본 정부와 협의하였다. 그 결과 감금된 의병들의 의복 및 숙식 제공, 감시 방법, 신체 구금의 범위 등에 대한 규정을 마련하였다. 이와 같이 한국침략의 원흉인 이토오가 의병의 대마도 감금정책을 추진한 주역이었다. 즉 대마도 감금의 의도와 목적, 그 구체적 방안에 이르기까지 일체의 계획이 그의 구상대로 수립, 추진되었던 것이다.

대마도 감금생활

임병찬과 최익현의 대마도 감금은 '홍주9의사'의 전례에 따라 이루어졌
다. 태인의병에 대한 선고와 동시에 주한주차군 참모장은 일본 육군차
관에게 전보로 이들을 대마도에 감금할 계획이라고 보고하였다.

> 이 두사람(최익현 임병찬 - 저자주)을 대마도로 송치하고자 한 것에 통감이
> 동의하였음. 前回(홍주의병 감금 - 저자주)와 같이 조치할 것임. 최는 대학
> 자, '임'은 전 낙안군수였음.
>
> － 『韓國統監府 韓國暴徒處刑に關する件』, 「密 제184호」

이들을 대마도로 감금한 것은 통감인 이토오의 동의로 이루어졌음을
알 수 있다. 그리고 이들을 대마도로 감금하는 절차와 방법은 홍주의병
의 전례에 따르겠다는 것이다.

대마도에 감금된 임병찬이 가장 먼저 부딪힌 문제는 언어가 달라 소
통이 어렵다는 점이었다. 이로 인해 대마도 감금 첫날부터 일본군 감시
부대와 오해가 발생하기도 했다. 여러 명의 일본인 통역이 번갈아 근무
했지만 한국어를 능숙하게 구사하는 일본인은 거의 없었던 것 같다. 일
본인 통역의 미숙으로 인해 단발과 복장 문제로 심각한 사태가 초래되
기도 하였는데, 시간이 흐르면서 필담을 통해 자연스럽게 해결되었다.

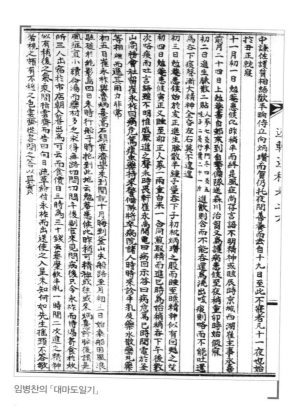

임병찬의 「대마도일기」

　미숙한 통역으로 인한 오해는 다음과 같이 해결되었다. 일본군 장교는 임병찬에게 "국토와 인정이 모두 다르고 풍속과 습관도 또한 다른 것은 자연스런 일이오. 내가 전날 그대들에게 머리를 깎고 옷을 변경하라고 요구한 것이 아니라 오직 방안에서 관을 벗기를 요구했던 것이오. 그러나 통역이 잘못 말해서 (중략) 우리들은 결코 머리를 깎고 옷을 변경하라고 요구한 것이 아니니 그대들은 안심하도록 하시오"라고 하였다. 그러자 임병찬은 그에게 "풍속이 다른 것은 형세에 어찌지 못하는 것이고 말이 통하지 못하니 통역이 잘못 전하는 것도 역시 괴이할 게 없으며, 우리들이 잘못 들은 것도 있을 수 있는 일이오"라고 하며 서로의 오해를 필담으로 풀면서 신뢰를 쌓은 것이다.

다음으로 봉착한 문제로는 문화적 차이였다. 일본군은 그들의 감옥 문화를 강요하였다. 우리의 의관제도와 그들의 그것은 상당한 차이가 있었지만, 그들은 자신들의 문화를 강요하였다. 예컨대, 갓이나 건巾과 같은 모자를 실내에서 착용하지 못하게 했는데, 최익현이 그것을 따를 리 만무하였다. 이로 인해 감금되자마자 소동이 벌어진 적도 있었다. 일본군은 자신들의 감시 하에 숙식을 제공받는 처지이니 무조건 그들의 규칙을 따르라고 하였다. 그러자 최익현은 바로 일본이 제공하는 밥을 먹지 않겠다고 선언하였다. 이에 질세라 임병찬 등 대부분의 의병들도 최익현과 행동을 같이하여 단식에 동참하였다. 물론 최익현은 임병찬 등에게 늙은 자신만의 단식으로 충분하다며 앞으로 해야 할 일이 많은 임병찬과 홍주의병의 단식을 만류하였다. 이에 임병찬은 오늘의 거사는 단지 스승을 위한 것일 뿐만 아니라 나라에 보답하는 일이라며 듣지 않았다.

이러한 임병찬에 대해 최익현의 신임이 매우 두터웠던 것 같다. 최익현은 대마도에 도착한 다음날 고종에게 올릴 유소遺疏를 불러주며 몰래 간직하고 있다가 귀국후에 전해줄 것을 부탁한 점만 보더라도 그러하다. 또한 최익현은 서울의 일본군사령부에 구금되어 있을 때 지은 14수의 시를 임병찬에게 암송하여 각자에게 전해줄 것을 부탁하였다. 14수의 시는 자신을 책망하는 시와 순창에서 순국한 정시해, 그리고 함께 구금된 '12의사'를 위한 것이었다. 최익현은 임병찬을, '깊은 산에서 어머니를 추효追孝하는 날이요 / 텅 빈 읍에서 대중과 맹세할 때이네 / 의리는 세상에서 공평한 것이니 / 어찌 그대가 한 점의 사사로움을 용납하랴'라고 칭송하였다.

이에 대해 임병찬 역시 서울에서 구금되어 있을 때 최익현을 위해 지었던 시를 바쳤다.

> 도종道宗과 화맥華脈이 우리 동방에 있으니
>
> 5백년 이래 한결같았어라
>
> 다만 승평한 하늘을 함께 오래 누리려니 믿었는데
>
> 어찌 대업이 꿈처럼 허무할 줄 기약했으랴 (중략)
>
> 면암 스승 홀로 대의를 외치니
>
> 하얀 머리로 만진萬塵 속에 우뚝 앉아 계시네
>
> — 임병찬, 「대마도일기」, 139쪽

그가 스승인 최익현의 대의를 얼마나 흠모했는지 알 수 있다.

7월 10일, 일본군 위관 장교는 최익현의 단식 이유를 제자인 임병찬에게 물었다. 임병찬은 장교와의 필담을 통해 일본인 통역의 미숙함을 지적한 후 자신이 기록한 일기를 보여주었다. 그러자 그 장교는 누구나 일본에 살면 일본의 법률을 따르는 것이 옳다는 말이라며 달래었다. 최익현 역시 이 점을 인정하며 우리 정부의 식비로 제공된 식사라면 먹겠노라 한 걸음 물러섰다. 그리하여 3일간 여섯 끼만에 최익현의 단식은 중단되었고 제자들 역시 스승을 따랐다. 이처럼 양자는 통역의 미숙함을 인정했으며, 이 과정에서 임병찬의 필담이 큰 역할을 했다. 그는 일본군과 신뢰를 쌓음으로써 서로의 입장을 조율하는데 앞장섰다. 예컨대, 일본군 장교는 그에게 "글 뜻이 분명해서 모두 알아 듣겠소. 그릇이 비록 많다고 해도 돌려보낼 것은 없으니 그대가 좋을 대로 처리하시오"라고 할 정도로 그와의 필담을 신뢰하였다. 그의 향리로서의 20여 년의 경험과 능력이 대마도에서도 유감없이 발휘되었음을 알 수 있다.

한편, 임병찬은 대마도에 감금되어 있는 동안 한국에 있는 가족 및 친지들과 서신을 주고받을 수 있었다. 물론 최익현을 비롯한 감금된 모든 의병들도 마찬가지였다. 그는 대마도에 감금된 지 4일만에 아들의 편지를 받았다. 부산과 대마도 항로는 날씨가 고르면 거의 날마다 왕래하는 선박이 있었기 때문이다. 편지뿐만 아니라 이들은 한복과 버선 등을 전달받기도 했으며, 종이와 마포도 전해받았다. 소포 속에 담배가 간혹 들어 있어서 그로 인한 논란이 일기도 했다. 담배는 규정 위반에 해당되는 데다 관세를 부과하는 방침이었기 때문이다.

또한 이들은 가족이나 친지들의 방문을 받으면 외출이나 외박도 가능했다. 임병찬은 대마도에 감금된 지 약 두 달만에 아들 응철의 방문을 받았다. 응철은 최익현의 아들인 영조 등과 같이 와서 부친 대신에 자신들을 감금시켜 줄 것을 청원하기도 하였다. 응철은 아버지를 면회하러 오면서 친지들이 보내준 다양한 물품을 가져왔는데, 편지는 물론 인삼 한약 현금 등이었다. 멀리 떠나 있는 부친의 건강을 염려한 물품이라 할

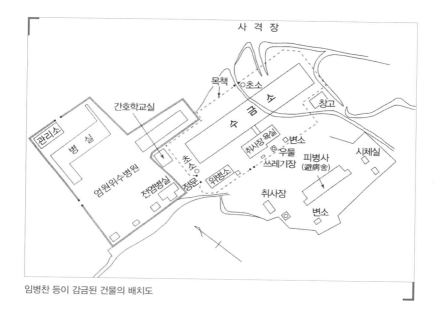

사격장

목책 ○초소

간호학교실 수 금 소 창고

관리소 병 실

취사장목욕 변소

염원위수병원 초소 ○우물

정문 위병소 쓰레기장 피병사 시체실
전염병실 (避病舍)

취사장 변소

임병찬 등이 감금된 건물의 배치도

수 있다. 이들은 감금 장소를 벗어나 개인 여관에 가서 한때나마 오붓한
시간을 보내었다. 응철과 영조 등은 부친을 면회한 지 4일만에 돌아갔
다. 아들이 돌아가자 그는 일본군 소대장에게 자신이 스승의 형기를 대
신하여 총 5년 동안 감금되도록 해달라고 청원하였다. 그 이유는 스승
의 병환이 갈수록 깊어지므로 귀국하여 치료를 받아야 한다는 점을 들
었다. 일본군 입장에서는 그의 청원이 도저히 불가능한 일이었을 것이
다. 한편 그는 장사하러 온 제주도 사람을 만나기도 하고, 때로는 일본
인의 방문을 받기도 했다. 그들은 대부분 일본 각지를 오가며 상업에 종
사했는데, 그와 더불어 유교의 성정론性情論을 토론하기도 하고 동아시아
의 국제정세에 대해 의견을 나누기도 하였다.

일본인들은 대체로 임병찬을 비롯한 감금된 의병들로부터 시를 받는 것을 좋아하였다. 그들이 일부러 시를 요청하여 받아가기도 했다. 임병찬은 친절한 일본인 통역들에게 인물평과 함께 시를 선물하거나 요청받은 시를 써주기도 하였다. 예컨대, 아비류阿比留에 대해 온량溫良하다고 평하면서 시를 선물하였다.

성품이 온화해서 덕이 몸을 윤택케 하니
이쪽으로 와서 처음 주인같은 사람 보겠네
말이 분명해서 통역도 잘 해 주니
젊은 나이 아름다운 명예 이웃과 잘 사귀세.

– 임병찬, 「대마도일기」, 152쪽

위의 시에 나타나 있듯이, 아비류가 덕을 갖춘 온화한 사람으로 주인과 같다고 칭송하였다. 그는 친절한 일본군 병사에게도 여러 차례 글을 써주었다. 그 병사는 "일전에 써주신 몇 장 글씨를 가지고 돌아가서 조부에게 뵈었더니 몹시 기뻐하셨습니다. 조부는 올해 나이 75세로서 젊었을 적에 귀국에 가서 논 일이 있는데 귀국 문자를 몹시 사랑하는 터이니 원컨대 존경하는 공들이 시를 써주시면 제가 돌아가 조부께 드리겠습니다"라고 간청했다고 한다. 어떤 병사는 병을 치료할 목적이라면서 임병찬에게 인삼을 팔라고 부탁하는 경우도 있었다. 그는 가지고 있는 인삼 몇뿌리를 그냥 주면서 자신은 상인이 아니므로 인삼을 매매할 수는 없다고 말했다. 그랬더니 그 군인은 인삼 값을 말하지 않으면 결코 인삼을 받을 수 없다고 고집하자, 그는 하는 수 없이 종이로 수십 장을 받았다. 사람다운 사람이 사는 세상이란 어디에서나 도타운 정을 나눌 수 있었음이 확인된다.

그런데 임병찬은 오른편 겨드랑이에 생긴 종기로 인해 고생이 막심하였다. 날마다 일본 군의軍醫의 치료를 받았지만 오랫동안 낫지 않았기 때문이다. 종기는 두 달이 지나도록 낫지 않았으며 그때 바른 약으로 인해 온 몸에 부스럼이 생겨 세수를 할 수 없을 정도로 고통이 심했다. 이런 와중에도 그는 대마도의 풍속인 팔번제八幡祭의 개요와 진행, 안산신후安山神后의 제사 차림 등을 자세히 묘사하였다. 뿐만 아니라 그는 일본군이 제공하는 식사에 대해서도 상세히 기록하였다. 즉, 한국 사발 모양의 나무그릇에 흰 쌀밥을 3홉 이상 가득 담아 주고, 아침 반찬은 나물, 저녁 반찬은 구운 생선을 제공한다는 것이다. 그들이 보리 2/5를 섞어 지급받는 것에 비하면 자신들은 비교적 후한 대접을 받은 셈이라 하였다.

어느 날 이들은 치포관緇布冠을 만들어 착용하고서 유생으로서의 본분에 충실하자고 다짐하였다. 최익현은 이 일을 각자 시로써 기록하자면서 스스로 "우리 행동을 이제부터 마땅히 더욱 올바르게 하자"고 하였으며 임병찬은 "검은 관 함께 다른 나라에서 썼으니 오늘날 다시 삼대의 모습 보겠네"라고 화답하였다. 이처럼 특별한 일이 있거나 한국의 중양절과 같은 24절기, 고향이 그리운 순간에는 시로써 회포를 푸는 일이 많았다. 예컨대, 죽은 아들의 기일忌日이 되자, 슬픔으로 인해 잠을 이루지 못하였다. 이국 땅에 감금되어 병중의 처지였지만 시로써 아들을 애도하였다.

작년 오늘 네가 하늘로 돌아갔는데

죽었을 때도 가보지 못하고 제사에도 역시 그러하구나

만 리 다른 나라의 닭이 울며 새벽을 알리는데

병중에 홀로 앉아 눈물만 끊임없이 흘리누나.

– 임병찬, 「대마도일기」, 148쪽.

1년 전 임종을 하지도 못한 아쉬움까지 겹쳐 더욱 애달픈 아비의 마음이 절절이 묻어난다.

한편, 이들은 때로 서로 다투기도 하였다. 10여 명이 함께 생활하기 때문에 매양 좋은 일만 기대할 수는 없었을 것이다. 그 중 홍주의병 두 사람이 서로 언쟁을 벌이자, 최익현은 그들을 불러 꾸짖은 다음 자성문自省文을 써서 벽 위에 붙이게 했다. 또한 모두에게 놀지만 말고 매일 일과日課를 정해 글을 읽고 초저녁에 각각 1장씩 외울 것을 분부하였다. 이때 최익현은 스승인 이항로李恒老의 강계講戒를 제시하며 공부에 전념하라고 당부하였다. 최익현은 대마도에서 마지막 저술이라 할 수 있는『화동사합편華東史合編』의 발문跋文을 지었다. 이 책은 최익현의 스승 이항로가 편찬한 후 그의 동학인 유중악柳重岳 유인석柳麟錫 등이 발간하였다. 그는 발문에서 이 책이『춘추』의 의리사관을 관철하고 중국의 예악과 문물을 밝힌 점을 강조했는데, 특히 명나라가 망한 후 조선에서 더욱 발현되었다고 자부하였다.

간절한 간병에도 스승이 절명하다

임병찬 등 감금된 모든 의병들은 처음에는 대마도의 민간인 시마오 소스케島雄莊介의 잠사蠶舍를 빌어 숙소로 사용하였다. 이들을 은근하게 대접해준 시마오와 그 가족들은 이들이 새로 건축한 건물로 떠날 때 모두 눈물을 흘리며 이별을 아쉬워했다고 한다. 사실 시마오의 잠사는 경비대가 매월 15원의 임대료를 지불하고 수용한 임시 감금소였다. 1906년 10월 16일(양력 12. 1) 임병찬 등은 경비대 병영 안에 신축한 건물로 옮겨 감금되었다. 새로 지은 감금소의 규모와 형태에 대해 임병찬은 매우 상세한 기록을 남겼다. 건물의 위치와 크기, 건축 재료, 방의 크기에 대해 자세히 묘사되어 있다. 감금소의 방 하나의 크기는 넓이 2간 반, 길이 4간 반이나 되었다는 것이다. 식당과 욕실, 화장실, 감시소 등이 있는 행랑채에 대해서도 기록되어 있는데 총 202간이나 되었다.

감금된 의병의 신병과 감금소 시설에 대한 책임을 맡고 있던 부대는 대마경비보병대대對馬警備步兵大隊였다. 대마경비보병대대를 관장하고 있던 상급부대는 대마경비대사령부對馬警備隊司令部였다. 대마경비대사령부는 북구주 소창小倉에 본부가 있던 제12사단 관할 하에 있었다. 따라서 대마도에 감금된 의병은 제12사단 – 대마경비대사령부 – 대마경비보병대대로 이어지는 명령계통에 따라 감시를 받았다. 대마경비보병대대는 상부에 이들의 감금 상황을 정기적으로 보고한 것으로 판단된다.

그런데 호사다마好事多魔였을까. 이들이 신축 감금소로 옮긴 지 3일 만인 10월 19일 최익현은 감기에 걸렸다. 이날 임병찬은, 스승이 고르지

임병찬 등이 감금되었던 대마도

않은 기후 때문에 생긴 감기로 인해 몸이 편치 않아 불환금산不換金散 2첩과 부자산夫子散 1봉지를 처방했다고 적고 있다. 일본군 군의도 최익현을 진찰한 후 약을 처방하였다. 일본 역시 최익현의 병세가 심각하다고 판단해서인지 매일 서너차례씩 군의를 파견하여 상태를 주시하였다. 임병찬 역시 병세가 위중하다는 점을 최익현 본가에 전보로 알렸다.

이후 임병찬은 최익현의 간병에 혼신을 다하는 한편, 일본군을 상대로 석방운동을 전개하였다. 그는 "우리 노사의 병환을 구할 수 없다는 것은 귀대의 상하가 모두 눈으로 보아 분명히 알 것이다. 꼭 죽을 것을 알면서도 여기에 가두어둔다면 어찌 되겠는가"라고 하며 스승의 석방을 강력히 요구하였다. 나아가 그는 한 달 이상 약을 복용했어도 효험이 없는 이상 단 하루일지라도 고국에 돌아가 온돌방에 쉬시게 해야 한다고 거듭 주장하였다. 그는 사면을 받는다 하더라도 병중에 어찌 바다를 건너겠느냐고 반문하는 일본군에게 만약 석방만 해준다면 귀로에 무슨 변이 일어나더라도 절대로 원망하지 않을 것이나 여기서 죽게 된다면 원한이 하늘에 맺힐 것이라고 경고하였다.

그러나 최익현의 병환은 더욱 악화되어 갔다. 온 몸이 붓고 혀가 말려 말을 제대로 하지 못했으며 대소변도 가리지 못하고 정신도 오락가락한 상태가 된 것이다. 임병찬은 스승의 병세에 따라 이런저런 처방을 했으나 거의 효험을 볼 수 없는 상태였다. 생맥산生脈散, 인삼쌀죽, 우유, 환약 등을 처방했지만 거의 효험을 보지 못한 것이다. 이로써 보면 임병찬은 한의학에도 상당한 조예를 지닌 것으로 판단된다. 최익현을 시병侍病하는 동안 그가 대부분 처방하는 것으로 보아 그러하다.

드디어 최익현의 아들 영조와 제자 고석진 최제학 등이 대마도에 들어와 최익현을 문병하였다. 그동안 동분서주하며 스승을 간병한 정황을 살펴본 고석진은 임병찬을 칭송해마지 않았다.

영특하고 호기롭게 뛰어났건만 하늘을 만나지 못해
어쩌다 오늘날 이 먼 바다 건너왔는가
다행히 선생 모셔 이 길을 함께 하니
천년에 꽃다운 이름 청사에 빛나리.　　　　　- 임병찬, 「대마도일기」, 196쪽.

위의 시에 임병찬에 대한 고마움이 잘 나타나 있다.

노구에 감기와 풍증으로 생긴 천식이 심한 최익현의 병세는 이미 돌이킬 수 없었다. 일제는 최익현의 병명을 만성 기관지 카다르 겸 폐흔충

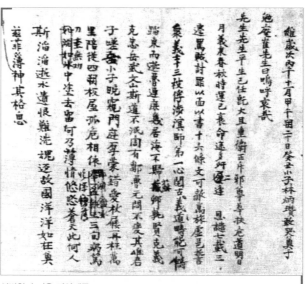

임병찬이 지은 면암제문

肺炎衝으로 진단하였다. 임병찬은 최익현의 운명 전에 부산에서 구입한
청개어탕淸開語湯, 소속명탕小續命湯, 해어탕解語湯 등을 드시게 했지만 차도
는 없었다. 결국 1906년 11월 17일(양력 1907. 1. 1) 인시寅時에 최익현은
세상을 떠났다. 이들은 장례 준비를 서둘렀고, 임병찬이 도집례都執禮로
서 초종初終을 주관하였다. 일본 경비대와 협의를 거쳐 최익현의 시신은
경비대 병원의 시신실에 일시 안치되었다. 이튿날 오후 4시 전후에 최익
현의 운구는 수선사修善寺로 옮겨 안치되었다.

그는 경비대에 요청하여 스승의 영구靈柩에 마지막 인사를 드렸다. 당
시 그는 "스승과 임금과 아비는 모두 일체이다. 이제 스승의 영구가 떠
나는데 가서 곡하고 작별인사를 하지 못하면 그 한이 매우 클 것"이라

말하고서 수선사에 가서 호곡號哭하며 마지막 인사를 올렸다. 그는 제문에서 "선생님이시여, 평생 몸에 진 책임이 이미 크고 무거웠습니다. 바른 것을 지키고 간사한 것을 배척하며 중화를 높여 위태로움을 붙들었습니다. 도는 일월보다 밝고 의리는 춘추를 바로잡았습니다. … 못난 제자 늦게야 선생님 앞에 나와 두터운 사랑을 받아 행장을 차리고 두 번이나 따라 나섰습니다. 만리 밖에 모시고 와서 넉 달 동안 판잣집에 있을 적에는 외롭고 위태로움 앞에 서로 의지함이 깊은 데 들어가고 얕은 곳 밟은 것 같았습니다. 중도에 이렇듯 가시고 저만 남으니 어찌 이렇듯 박정薄情하시단 말입니까"라고 애도하였다. 최익현의 운구는 수선사에서 선편을 기다리며 이틀을 보낸 뒤 11월 20일(양력 1. 4) 저녁 약진환藥津丸이라는 일본 배로 귀국길에 올랐다. 최익현의 운구가 대마도 엄원 부두를 떠날 때 많은 일본인들도 촛불을 들고 따르며 애도를 표했다고 한다.

임병찬은 며칠 뒤 대마도에 들어온 아들 응철로부터 반구返柩 상황을 들을 수 있었다. 꼭 132일만에 시신으로 환국한 최익현의 영구를 자제와 문인, 상무사원商務社員 등 1,500여 명의 애도 인파가 맞이하였다. 11월 21일 아침 일본 선박으로부터 한국의 삼판선三板船으로 관을 옮겨 싣던 상무사장商務社長 김영규金永圭 등이 최익현의 관을 붙들고 "이 배는 대한의 배요, 이 땅은 대한의 땅"이라며 울부짖었다고 한다. 상무사원 1천여 명이 큰 상여를 갖춘 다음, "춘추대의 일월고충春秋大義 日月孤忠"의 비단 깃발을 앞세우고 영접하였다. 최익현의 영구가 부산 초량에 있는 상무사에 안치되자, 일제히 모여든 수많은 인파의 통곡소리가 하늘을 울렸다. 맑은 하늘에 갑자기 음산한 구름이 뒤덮여 빗방울이 흩뿌리니

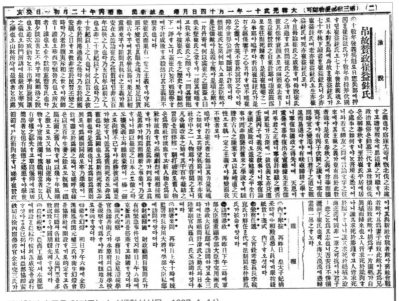

최익현의 순국을 알려주는 논설(『황성신문』, 1907. 1. 14)

쌍무지개가 남서쪽으로 뻗어 상무사에 드리워졌다고 한다. 이때 대여大
轝와 영거靈車를 비롯한 모든 장례 물품과 인력을 동래항 상무사에서 제
공하였다. 아마도 최익현 생전에 대마도까지 방문했던 상무사 책임자인
김영규의 호의가 크게 작용했을 것이다. 최익현의 장례행사에는 수 만
명의 인파가 몰려들어 장지인 충남 정산까지 끊이지 않았다. 최익현을
추모하는 수천 폭의 만사輓詞도 가는 곳마다 도로를 가득 메웠다. 그의
죽음이 일반 민중들의 반일 감정을 고조시키는데 크게 기여한 것이다.

한편, 스승을 떠나보내고 대마도에 남게 된 임병찬은 모처럼 아들과
오붓한 한 때를 보냈다. 한 달이상 최익현을 간병하느라 심신이 지쳐 있

던 그에게 아들은 청량제나 다름없었을 것이다. 또한 아들은 부친을 위해 많은 선물을 가져왔다. 고향의 친지들과 뜻있는 인사들이 보내준 것으로, 편지와 시를 비롯하여 담배 한약 현금 등등이었다.

대마도에 감금되어 있을 때 임병찬은 다양한 일본인과의 필담을 통해 조정자로서의 역할을 훌륭하게 수행하였다. 일본인 통역은, "귀공의 방정한 행동은 일행 11명 중에서도 뛰어나므로 오래지 않아 고국으로 돌아갈 것"이라며 그의 출중한 능력을 높이 평가하며 위로하였다. 최익현이 대마도에 감금중 사망하자, 일제는 이를 중대사건으로 인식하여 사후 처리에 몹시 신중하였다. 이후의 수습 방안이 내각에서 검토되어 후속조치가 뒤따랐다. 그 결과 임병찬과 홍주의병 안항식安恒植이 1907년 양력 2월 26일 석방되었다. 당시 대마도에 감금된 의병 모두 특별 감형되어 감금기간이 크게 줄어들었고, 임병찬과 안항식 두 사람은 잔여 형기를 사면받아 석방된 것이다. 일본 경비대로부터 감형을 통보받는 상황은 다음과 같다.

10인을 불러 말하기를 "한국 황태자의 가례嘉禮를 치를 때에 국내외의 여러 죄수에게 형벌을 가볍게 하고 등급을 줄이게 하였다. 잔여 형기는 유준근 남경천 이식 신현두 4인의 경우 14년 29일, 이상두는 6년 4개월 29일, 최중일은 2년 4개월 29일, 문석환은 1년 10개월 29일, 신보균은 1년 4개월 29일이다. 임모(임병찬 - 저자주) 안항식은 잔여형기를 모두 사면할 뜻으로 주한사령부의 훈령이 있어 이에 선고한다.

– 문석환, 『마도일기』, 독립기념관, 2006, 6쪽.

약 6개월 뒤 순종純宗이 된 황태자의 가례를 명분으로 사면과 감형 조치를 취한 것이다. 이들의 감형된 기간을 계산하면 1907년 양력 2월 26일(음력 1. 14)을 시점으로 유준근, 남규진, 이식, 신현두 등 4인은 1921년 3월 26일까지, 이상두는 1913년 7월 26일까지, 최상집은 1909년 7월 26일까지, 문석환은 1909년 1월 26일까지, 신보균은 1908년 7월 26일까지 감금될 것임을 통보한 것이다. 임병찬과 안항식 두 사람은 잔여 형기를 모두 사면받음으로써 이들은 석방을 통보받은 이틀 뒤 귀국길에 올랐다. 한편, 이들에 이어 신보균은 1908년 양력 7월 16일에 석방되었고, 그 뒤 문석환, 남규진, 신현두, 최상집 등 4인이 1908년 10월 8일 풀려났다. 마지막으로 이식 등 3인이 석방되었으나 석방 날짜는 불분명하다.

환국 후 동향

담배를 끊고 국채보상운동을 주도하다

환국을 앞둔 임병찬과 안항식은 대마도에 남은 홍주의병과 이별의 아쉬움을 각자 시로써 주고받았다. 이를테면 문석환은 그에게,

어른을 모시는 객지에서

이별 눈물 주르르 푸른 물결에 뿌리네 (중략)

고국으로 돌아가는 길 삼천리

떠나가는 옷깃 나부껴 나그네 뜻 새로워라

라고 하며 아쉬워하였다. 이에 임병찬은 다음과 같이 화답하였다.

지난 가을 만 리 땅에 함께 나그네 되었다가

봄이 되어 홀로 떠나 근심 더욱 새로워라

돈 주머니 비록 비었어도 주역이 있으니

그대에게 빌려주어 도를 닦아 은군자隱君子를 만드노라

– 문석환, 『마도일기』, 2006, 6~7쪽.

서로의 처지와 상황을 위로하며 덕담을 주고받은 것이다. 하루를 더 머문 다음 임병찬과 안항식은 경비대를 떠나 귀국길에 올랐다. 한편, 임병찬은 귀국 후에도 대마도에 감금되어 있던 문석환 등 홍주의병과 빈번하게 편지로써 교류하였다. 그는 이들에게 국내의 소식을 알려주는 한편, 필요한 물품을 부쳐주며 이들을 위로하였다.

임병찬은 1907년 정월 18일(양력 3. 2) 부산항에 도착하였다. 다음 날 그는 초량의 상무사에 들러 김영규를 만났다. 부산에 반구된 최익현의 전제奠祭를 주관한 김영규 등 상무사 관계자들에게 감사를 표하기 위해 들린 것이다. 그는 이미 김영규와 잘 아는 사이였다. 김영규가 최익현을 뵈러 대마도까지 왔던 일도 있었기 때문이다. 이들은 반갑게 만나 회포를 풀던 중 당시 큰 이슈Issue였던 국채보상운동에 대해 의견을 나누었다.

김영규는 국채보상운동을 지지하며 적극 가담하고 있었다. 그는 1907년 2월 동래부의 정정의숙貞靜義塾이란 여학교가 설립될 때 기부했는데, 당시 동래부윤은 김교헌金敎獻 군수는 양홍묵梁弘默이었다. 아마도 김교헌 등이 여학교 설립에 앞장서자 그 역시 적극 가담한 것으로 보인

부산항 상무회의소 김영규 부부의 국채보상운동 관련 광고(『대한매일신보』 1907. 5. 29)

다. 또한 그는 1907년 중반 이후 동래항 상무회의소의 일원으로서 단연
동맹 기부금을 부인 권씨와 함께 기부했고, 따로 국채보상기금도 납부
한 인물이다. 따라서 그는 대마도에서 방금 석방된 임병찬에게 담배를
끊기를 권하며 그 담배 값을 국채를 갚는데 써야 한다는 주장을 펼쳤다.

우리나라가 1,360만 원의 차관을 빌어다 썼는데 만약 (갚지 못하고) 만기
가 된다면 전쟁이 아니라도 국토가 저절로 없어질 것입니다. 또한 차관

을 갚을 방법이 마땅하지 않아 정부에서도 갚을 방안을 전혀 강구하지 못하고 있습니다. 그리고 지금의 우리나라 상황은 정부를 믿고 망하는 꼴을 보는 것은 옳지 않습니다. 바라건대 우리 2천만 동포가 각자 1원씩 낸다면 차관을 갚고도 남음이 있을 것입니다. 만약 1원을 명목없이 거둔다면 이것이 곧 민폐일 것이며 피처럼 진실한 마음이 아닐 것입니다. 그런데 담배는 누구나 즐기는 바이므로 한달 담배값이 30전 이하는 아닙니다. 그런즉 넉달간 담배를 끊는다면 충분히 1원을 모을 수 있습니다. 다행히 우리 2천만 동포 모두가 진심으로 담배를 끊고 그 돈을 모아 국채를 갚는다면 열강들도 감히 우리나라를 업신여기지 않을 것입니다. 다만 우리나라는 그 단연으로 오직 돈만 걷자는 것이 아니라 매번 담배가 피우고 싶을 때마다 문득 국가적 어려움을 생각한다면 와신상담 또한 멀지 않을 것입니다. 그래서 본소(동래항 상무회의소 – 저자주)에서는 매달 30전씩 기부하기를 원하는 사람은 단연동맹회의 이름으로 서명하기로 2월에 결정했습니다. 대구 등지에서는 이미 돈을 거두어 서울의 신문사로 올려보냈으며 국왕 역시 통촉하셔서 단연 사실을 신문에 기재하여 각 지방에 알렸습니다. 단연한 사람들도 모두 여러 신문에 보도되니 이 또한 훌륭한 일입니다.

– 임병찬, 「환국일기」, 『의병항쟁일기』, 233쪽.

위의 인용문으로 알 수 있듯이, 김영규는 임병찬에게 국내에서 시작된 국채를 갚기 위한 단연운동의 전개 방안과 그 과정을 소상하게 알려주었다.

이에 대해 임병찬도 적극 호응하였다.

좋으신 말씀입니다. 성인께서도 말씀하시길 그 말이 아름다우면 천리 밖에서도 호응한다 하셨으니 과연 오늘을 준비한 말인 듯합니다. 다만 국채를 빨리 갚는 것만이 반드시 좋은 계책은 아니므로 담배 값의 많고 적음 또한 반드시 논할 바는 아닙니다. 매번 담배를 피우고 싶을 때 국가의 사태를 생각하고, 집안의 형편에 따라 비록 한 달에 10전일지라도 보태기로 맹세한다면 흡연하기 전에 반드시 국가의 수치를 잊지 않으니 어찌 좋지 않겠습니까.

- 임병찬, 「환국일기」, 233쪽.

그는 김영규의 단연을 통한 국채보상운동에 적극적인 동참을 표시한 것이다. 그 역시 모든 국민들이 단연을 통해 국가의 위급한 상태를 직시함으로써 국권을 지킬 수 있는 방안이 모색되리라 기대하였다.

그런데 임병찬은 대단한 애연가였던 것 같다. 그가 대마도에 감금되어 있을 때 친지들은 그에게 담배를 많이 보내어 주었다. 그럼에도 불구하고 그는 고향으로 돌아가자마자 동지인 유관호劉官五, 탁정오卓正浩 등과 함께 단연하기로 맹세하였다. 환국 후 그가 첫 번째로 시작한 일이 단연을 통한 국채보상운동이었던 것이다. 아다시피 국채보상운동은 1907년 2월 중순 대구의 광문사廣文社를 운영하던 김광제金光濟와 서상돈徐相敦이 제창하여 시작되었다. 이들은 담배를 끊고 그 돈을 모아 약 1,300만원의 국채를 갚자고 주장하였다. 이러한 취지가 『대한매일신보』와 『황성신문』 등의 언론기관에 보도되자 전국 방방곡곡에서 각계각층의 사람들이 벌떼처럼 일어나 동참하고 있었다.

그는 1907년 정월 20일(양력 3. 4) 부산에서 기차로 출발하여 대전을 거쳐 23일 전주에 도착하였다. 전주에서 살고 있는 최학엽崔學燁의 집에 들어서자 최씨 가족들은 꿈 속이 아닌가 의심할 정도로 놀라워했다. 대마도에 있어야 할 그가 돌아왔기 때문이다. 전주의 친지와 벗들은 모두들 그의 환국을 축하해주었는데, 오직 최학엽의 소실小室만이 그의 생환보다는 사환死還이 더 나았을 것이라고 열렬히 말하자 그는 숙연하였다. 권찬명權贊明 등은 최익현을 모실 사우 건립이 추진되고 있음을 알려주었다. 그는 서울 노량진의 표충사表忠祠에 배향하려는 움직임과 아울러 태인의 무성서원 근처에 사당을 세우기 위한 논의가 진행 중이라고 말했다. 당시 전라남북도의 유생들이 최익현의 사당을 태인에 건립하기 위해 전국 각지에 통문을 돌렸음이 확인된다. 임병찬은 전주에 머무는 하룻동안 여러 가지 소식을 한꺼번에 접할 수 있었다.

드디어 그는 종성리 집에 도착하여 먼저 어머니 춘원당春院堂 묘소에 참배하였다. 자신이 의병이 일으키기 전에 기거했던 텅 빈 묘막墓幕을 보며 한동안 말문이 막혔으나 이내 산을 내려와 마을 사람들의 따뜻한 환대를 받았다. 그가 돌아왔다는 소식이 사방으로 퍼지자, 다시 의병을 일으킬 것을 권유하는 사람들이 적지 않게 그를 찾았다. 불원천리하고 서울의 이평해李平海, 광주의 김태원金泰元, 순창의 김태권金泰權 양인영楊寅榮 채영찬, 김제의 조공삼趙公三 등이 찾아와 함께 의병을 일으키자는 뜻을 피력하였다. 이에 대해 그는 지난 태인의병은 국권회복보다는 천하에 대의를 떨쳐 죽음으로써 국가에 보답한다는 의지를 보여준 것이었음을 강조하였다. 앞으로 의병을 일으키기 위해서는 무엇보다 무기와 재원을 완벽하게 갖추어 병사를 훈련시킨 후 서로의 전력戰力을 비교한 후 도모해야 한다고 주장하였다. 그렇지 않으면 헛되이 목숨만 잃게 되므로 신중해야 한다고 설득한 후 돌려보냈다. 이러한 심상치 않은 동향 때문인지 그가 장성 출신의 의병장 기삼연奇參衍 등과 2천여 명의 의병을 이끌고 지리산에 웅거했다는 소문이 당시 신문에 보도되기도 했다. 그의 농민군 방어 능력과 태인의병을 주도한 사실을 잊지 않은 사람들이 많았기 때문이다. 그러나 그는 무엇보다 의병의 투쟁역량을 길러서 결정적인 시기에 봉기해야 한다고 판단했기 때문에 쉽사리 움직이지 않았다. 대신에 국채보상운동의 일환인 단연동맹斷煙同盟에 가담하면서 정세를 관망하였다.

그는 태인을 비롯한 전북지역 단연동맹을 추진하였다. 그는 먼저 자신의 마을부터 단연동맹을 추진하였다. 당시 태인군 산내면의 유관오 탁정오 등이 주도했는데, 이들은 임병찬이 말한 내용을 토대로 통문을 작성하였다. 따라서 통문의 내용에는 그가 부산에서 김영규와 나눴던 내용이 되풀이 강조되고 있다. 또한 2월 1일부터 단연하기 위해 영동 마을에 회의소를 설치한다는 점을 알렸다. 이처럼 임병찬은 환국후 첫 번째 활동으로 자신을 비롯한 마을 사람부터 단연을 맹세하여 국채를 보상하는 운동을 시작하자고 호소한 것이다. 이에 마을 사람들이 적극 참여했을 뿐만 아니라 인근 지역인 정읍 등지에서 적극 호응하였다.

이무렵 전북단연기도회는 편지와 함께 취지서를 보냈는데, 그에게 찬성장贊成長을 맡아달라는 내용이었다. 1907년 양력 3월 18일 전라북도에서는 전북단연기도회全北斷煙期圖會가 결성되었는데, 그 회장은 이기용李基鎔, 찬성장은 최학엽 백원규白元圭, 총무장總務長은 이건호李建鎬 등 9인이 전북단연기도회의 활동을 알려주는 「한국일기」

맡았다. 임병찬의 측근인 최학엽이 찬성장을 맡은 점으로 보아 그가 임병찬을 추천한 것으로 짐작된다. 이들은 대체로 전주의 양반이나 향리 출신들로 짐작되는데, 군수와 진사 혹은 부위副尉, 참위參尉, 주사主事 등의 관직을 역임한 점에서 그러하다.

　전북단연기도회는 취지서를 통해 자신들의 입장을 다음과 같이 밝혔다.

이러한 좋은 소식은 귀머거리가 들으면 귀가 밝아질 것이요, 앉은뱅이가 들으면 일어설 수 있을 것입니다. 궁벽한 곳에 거처하고 병든 자들도 모름지기 죽지 아니한 자들은 함께 나아가기를 도모하거늘 하물며 이 세상에서 완전한 몸을 갖추고 떳떳한 성품과 진심을 갖춘 자라면 누가 우레와 같은 소리로 호응하여 바람을 일으키지 아니하리오. … 우리가 비록 못났더라도 일반 백성과 더불어 같은 취지로 마침내 기도회를 설립한 것이 우리나라만의 다행일 수가 있겠습니까. 어찌 명예를 열강에 전파함이 없겠습니까?

– 임병찬, 「환국일기」, 235~236쪽.

이러한 취지를 임병찬에게 알린 것이다. 아울러 자신들의 사무소는 전주 남문안 전동에 두었고, 기부금을 내면 회원으로 인정하며, 기부금 접수 장소는 서문 밖 박윤상朴允尚의 집으로 정했다는 사실도 밝혔다. 당시 발기인은 조병관曹秉灌을 비롯한 19인이었다. 그는 찬성장을 맡아 달라는 요청에 대해 단연을 통해 국채를 갚을 수만 있다면 진심에서 우러나는 단단한 결심으로 추진해야 한다면서, 만약 손을 쓰지 못한다면 발로 뛰어서라도 만분의 일의 정성이라도 나타내야 한다는 점을 강조하였다. 다만 스승인 최익현의 장례식에 다녀 온 후 동참하겠다고 답하였다. 하지만 전북단연기도회가 어느 정도의 기부금을 모았는지 잘 알 수 없으나, 『황성신문』의 광고를 통해 태인과 정읍 지역에서 약 1천원 정도 기부했음을 확인할 수 있다. 이와 같이 임병찬의 환국 후 첫 번째 활동은 단연을 통한 국채보상운동이었다.

한편, 태인의병 봉기 직전에 이루어진 담양 용추사 회견이 결렬된 이

옥구향교에 건립된 최익현과 임병찬 현충비

후 그 앙금이 근거없는 소문으로 떠돌았던 것 같다. 그가 환국한 지 얼마 안 되어 최상청崔尙淸이 그를 만나 소문의 내용을 전해주었다. 기우만이 곽한일 등에게 당시 거의에 참여하려 했으나 임병찬이 거사를 좌우하는 폐단으로 인해 불참했다는 소문이 떠돈다는 것이다. 이는, 용추사 회견 이후 서로의 입장으로 인해 동시 다발적으로 거의하지 못해 발생한 소문이었다. 용추사 회담의 결렬 원인이 임병찬에 있다는 것이었으나, 그렇지 않다는 사실을 송사가 보낸 편지로써 입증하여 불미스런 소문을 해소할 수 있었다.

상경 상소 및 일제와 치열한 논쟁

2월 13일(양력 3. 7) 그는 충남 정산에 가서 최익현의 궤연几筵에 참배한 후 다음 날 상경하였다. 최익현의 유소遺疏와 함께 자신의 상소문을 바치기 위함이었다. 환국 후 두 번째 주목되는 활동이라 하겠다. 최익현의 유소는 대마도에 감금되어 단식을 하던 중에 구술한 것이었다. 최익현의 상소 내용은 동아시아의 국제정세를 예견한 후 고종에게 국권을 지킬 수 있는 방안으로써 인재와 준걸을 등용하고 군인과 백성을 아껴 길

러야 한다는 점을 제시한 것이었다. 특히 와신상담의 마음이 중요하다는 점을 강조하면서 자신은 자결할 것임을 부연하였다.

임병찬은 자신의 상소문에서 최익현과 더불어 거의하게 된 과정을 서두에 서술하였다. 이어 그는 해산 후 일본군에 의해 최익현과 자신 등 13명이 사령부에 끌려갔다가 대마도에 감금된 상황과 최익현의 단식과 운명 전말 등을 상술하였다. 그런데 그가 상소를 한 까닭에 대해서는 다음과 같이 밝혔다.

신이 만약 소疏의 말과 사실이 다르다고 해서 숨기고 아뢰지 않는다면 죽은 스승의 최후의 충의를 밝힐 수 없을까 두렵고, 또 소를 바치면서 자세히 진술하지 않으면 이것은 바로 국민으로 하여금 그 죽음을 의심나게 하는 것이오니, 이것이 신이 소를 받들고 울면서도 그 연유를 자세히 아뢰지 않을 수 없는 까닭입니다. 그 소는 본시 스승이 입으로 부르고 신이 받아 쓴 것이기 때문에 서례書例를 갖추지 못했고, 또한 그곳에서는 우리나라 종이가 없어 다만 행장 속에 있던 종이쪽에 쓴 것인데 지금이라도 신이 다른 종이에 옮겨 쓰지 않음은 스승의 구본舊本을 보존하려는 뜻 때문이옵니다.

　　　　　　　　　　　　　　　　－『국역 면암집』 I, 민족문화추진회, 1989, 241쪽.

그가 상소를 하게 된 까닭은 스승인 최익현의 충의를 밝히고, 최익현의 유소가 형식을 갖추지 않은 연유를 설명하기 위함이었다. 결국 그의 상소는 최익현의 충성심을 고종에게 전달하기 위한 것임을 알 수 있다. 최익현의 유소와 그의 상소문은 3월 초에 고종에게 전달된 것 같다.

대마도에서 환국한 후 올린 상소문(『대한매일신보』 1907. 4. 23)

1908년 4월 그는 영광군수에 서임되었으나, 세 차례에 걸쳐 사임한다는 글을 올렸다. 이로 인해 그는 7월에 천안 및 서울 주재 헌병대에 구금되었다가 10월에야 풀려났다. 그는 영광군수로 부임하지 않은 이유에 대해 일제로부터 집중적인 추궁을 받았다. 천안헌병대가 그를 체포하여 3회의 심문을 했고, 일주일후 서울의 헌병사령부로 압송되어 세차례에 걸친 신문이 계속되었다. 25일 천안헌병대로 다시 옮겨와 몇 차례의 집중적인 조사를 받았다.

음력 4월 열흘께 임명되었으나 보름 후에 대한매일신보를 보고 이를 알았으나 같은 이름이 있을지도 몰라서 그 점을 알기 위해 서울로 가던 길에 옥구에 이르러 병석에 눕게 되어 아들 응철을 대신 보내어 청원서를 세 번 내어 사직할 뜻을 표한 것이다.

– 임병찬, 「돈헌문답기」, 『독립운동사자료집』 2, 117쪽.

그는 병으로 인해 영광군수에 부임할 수 없음을 세차례나 청원했다는 것이다. 하지만 그가 사임하게 된 이유는 정부의 친일 관료들에 대한 반감이 직접적인 원인이라고 답변하였다. 일제의 고종 퇴위 강요, 재정 침탈과 군대 해산, 일본인 관리의 임용 등에 대해서도 거침없이 비판하였다. 뿐만 아니라 그는 여러 차례의 심문 과정에서 멕시코 이민 정책, 단발 강요, 근대 학제 등에 이르기까지 일제의 침략정책에 해당되는 여러 문제를 지적하였다. 아마도 그는 고종의 배려로 영광군수에 서임되었던 것 같으나, 아예 부임하지도 않자 일제가 그 이유를 캐물은 것이다. 그로서는 친일파 관료들이 정부를 장악하고 있는 현실 속에서 관직은 의미가 없다고 판단한 듯하다.

그는 다시 의병을 일으킬 마음이 있느냐는 질문에 대해서도 "마음을 먹을 뿐만 아니라 반드시 힘을 다해 일할 것"이라고 공언하였다.

> 나라가 위태로운데 능히 붙들지 못하고, 풍속이 변해도 능히 바로잡지 못하며, 도가 없어져도 능히 일으키지 못한 채 나이 늙고 또 병이 들었으니 더 이상 희망은 없다. 다만 문을 닫고 절개나 지키면서 스스로 몸을 깨끗이 하여 여생을 부모의 묘 아래에서 마치려 했는데 세상 사람들로부터 모함을 당해 여기에 이르렀으니 이 계교도 또한 이루지 못하는도다. 지금은 길흉과 화복을 오직 천명으로만 기다릴 뿐이다.
>
> – 임병찬, 「돈헌문답기」, 124쪽.

의병을 일으킬 기회가 있다면 언제든지 투신할 뜻을 앞서 밝혔지만, 또 한편으로는 늙고 병이 들어 천명을 기다릴 뿐이라며 다소 자조적인

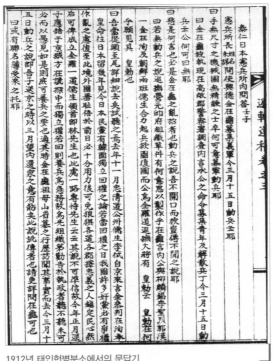
1912년 태인헌병분소에서의 문답기

심정을 표출하기도 했다. 결국 그 이상의 혐의를 찾지 못한 일제는 10월에 그를 석방시켰다.

하지만 그후 일제의 지속적인 감시를 받았다. 경술국치 이후 전국의 유력 인사들을 회유하기 위한 일본 국왕의 이른바 은사금이 전달되었다. 그러나 그는 절대로 받을 수 없다며 거부하였다. 그 이유로 『논어』의 '견리사의見利思義'에 비유하면서 자신은 일본을 토벌하여 나라를 되찾고자 하는데 일본 국왕이 시혜를 베풀지 않을 것이고 그것을 받을 만한 어떠한 은공도 있지 않기 때문이라고 주장하였다. 고창 및 순창의 일본인 헌병소장이 찾아와 거듭 겁박을 하며 양국의 평화를 위해 일본 국왕이 양반 기로들을 특별히 위로하는 하사금이므로 받을 것을 종용했으나 그는 단호히 거부하였다. 태인분견소장 역시 찾아와 누차 그것을 받으라고 했지만 그의 태도는 변할 리 없었다. 오히려 분견소장은 '필부의 마음이라 하더라도 감히 빼앗을 수 없다(匹夫之志不奪)'는 여섯 자를 써서 임병찬의 충의에 감복한다고 인정할 정도였다. 그들은 거듭하여 다시 의병을 일으킬 것인지를 묻자, 그는 나라를 사랑하므로 사람과 무기가 갖추어진다면 당연히 의병을 일으킬 것이라 답변하였다. 그는 의병을 일으켜 싸우다 죽는 게 영광이자 소망이라고 주장하였다.

이와 같이 임병찬은 대마도에서 환국한 후 망국을 전후한 시기까지 정중동靜中動하면서도 그 반대의 시간을 보냈다. 전북 지역의 국채보상운동을 주도하는 한편, 그를 회유하려는 관직을 거부하며 일제와 치열한 논쟁을 벌임으로써 그의 확고한 국가관과 의리론을 설파하였다. 또한 스승인 최익현의 진면목을 알리기 위해 고종에게 유소와 상소문을 바쳤으며, 최익현을 추숭하기 위한 사당 건립에 동참하였다. 또한 경술국치 이후 일제의 양반세력을 회유하기 위한 이른바 은사금을 단호히 거부하였다. 겁박과 회유를 일삼는 일제 경찰에게 일본 국왕이 직접 와서 은사금을 권하더라도 자신은 절대로 받을 수 없노라며 뿌리친 것이다. 임병찬의 대한제국에 대한 충정忠貞이 잘 드러나는 대목이라 하겠다.

망국 이후 독립의군부의
결성과 활동

일제의 감시를 받으며 독립을 모색하다

1913년 초 태인헌병소장이 그를 찾아와 전북 흥덕의 김재구金在龜를 시켜 의병을 모집하여 이번 3월 보름에 '의군義軍'을 일으키려 했는지를 물었다. 그는 무기와 병사를 갖추지 못하는데 어떻게 의병을 일으킬 수 있느냐고 반문하였다. 김재구가 고창경찰서에 체포되어 조사 중인데, 청년들과 해산군인들을 모집해서 의병을 일으키라고 임병찬이 지시했다는 것이다. 그는 전혀 사실이 아니라고 부인하였다. 이어 헌병소장은 만약 의병을 일으킬 뜻이 없다면 순무영원수부巡撫營元帥府 조직 문건을 어떤 의도로 작성했는지를 따졌다. 체포된 김재구의 진술에 의하면 그가 유인석, 이성렬李聖烈, 곽한일, 김재순金在珣 및 조선의 양반 유생들과 더불어 힘을 합해 군대를 일으켜 나라를 되찾을 계획이었다는 것이다. 그리고 그를 전라남도 순무대장으로 삼는다는 고종의 칙지를 보여 달라고 종용하였다.

이 무렵 이식은 서울에서 곽한일 전용규 등과 함께 독립의군부 조직을 모색하고 있었다. 임병찬은, "1912년 공주 유생 이식이 찾아와 전 참판 김재순이 고종의 명을 받들어 일본에 여러 해 머물렀는데 일본의 민권당民權黨이 일본의 국내 사정으로 인해 한국의 독립을 주장하고 있다는 사실을 알려주었다. 만약 국권이 회복된다면 우리나라의 간사한 무리들이 권력을 쟁탈하기 위해 난을 일으킬 우려가 있고, 그렇게 되면 과거보다 두 배 이상 외국의 수치가 되므로 미리 준비를 해서 낭패를 막자는 의도로 전국 각지에서 충의로운 사람들을 선발하여 민심을 진정시킨 연후에 정부를 성립해야 하는데 전라도는 임병찬의 책임이라고 전했다"고 진술하였다.

임병찬은 대마도에서 같이 감금생활을 한 홍주의병 출신의 이식을 이미 잘 알고 있었다. 하지만 그가 전한 말을 전적으로 신뢰할 수 없어서 아들 응철을 1913년 정월에 서울로 보내어 독립의 가능성을 타진했으며, 이를 위해 그는 양병養兵이 급무라고 판단하여 그 요체를 제시한 바 있다고 말하였다. 때마침 김재구가 방문했다가 그러한 대화를 들었고, 그것이 3월 보름날 의병을 일으킬 것으로 잘못 오해한 것 같다고 해명하였다. 하지만 그 날은 아들 응철이 서울에서 돌아오는 날이라는 것이다. 다시 말해 김재구의 예단豫斷으로 인한 오해라는 점을 강조하였다.

한편, 임병찬은 이식의 방문을 계기로 1910년대 일본의 국내 상황을 예의주시하며 국권을 회복할 방안을 모색했던 것 같다. 이무렵 고창에서 소모관召募官으로 활동하던 김재구의 행적이 일본 경찰에 탐지되었으며, 이로 인해 임병찬에게 의혹이 집중되었던 것으로 짐작된다. 일제 경찰은 김재구의 조사기록을 들이대며 그의 혐의를 추궁했지만, 그는 전혀 동요하지 않고 언젠가는 우리도 독립될 것으로 확신한다고 답변하였다. 이와 같이 망국 직후인 1912년을 전후하여 임병찬은 우국지사들과 더불어 국권을 되찾을 방안을 강구중이었다. 비슷한 시기에 서울에서는 이식 이인순 이명상 전용규 곽한일 김재순 등 구국사상을 가진 전직 관료들이 국왕의 밀지를 받아 비밀결사를 추진하고 있었다. 이들은 전국 각지에서 동조자를 물색하였고, 이 과정에서 전라도의 책임자로 임병찬이 선정되었던 것이다.

고종의 부름을 받아 비밀결사를 도모하다

1912년 9월 28일(양력 11. 6) 이식이 그를 찾아왔다. 그는 '독립의군부獨立義軍府전라남도순무대장'으로 임명한다는 고종의 칙령(1912. 9. 20)을 전달받음과 동시에 국권 회복을 도모할 인재선발의 전권, 즉 이른바 '편의종사便宜從事'의 권한도 부여받았다. 또한 이식은, 일제의 침략과 친일관료들의 폭거를 규탄하면서 국권회복을 도모하려는 그를 격려하는 고종의 칙령 제3호를 전했다. 임병찬 등이 충장忠壯의 거의로써 국권을 되찾기 위해 안으로 의용義勇의 선비와 밖으로 문명을 주도하는 열강의 협조를 얻어 백성들을 구제하고 독립을 이루자는 뜻에 기쁘게 동참하며 천지신명께 도와달라고 호소하는 내용이었다.

임병찬은 그러한 중차대한 임무를 수행할 수 있는 자질과 능력을 갖추지 못했다는 내용의 상소문을 이식을 통해 전달했다. 다만, 이 상소문은 1919년 10월 일제의 가택수색 당시 빼앗겨 전해지지 않으나 대강의 내용은 다음과 같이 전한다.

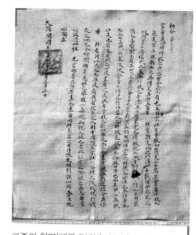

고종의 칙명(개국 512년, 1912)

> 황칙皇勅을 받고 감히 따르지 않을 수 없습니다. 또한 명분이 바르고 말도 도리가 있습니다. 비록 황칙이 없었다 하더라도 어찌 따르지 않겠습니까. 다만 자질이 용렬하고 어리석어 그 책임을 다하지 못해 혹 막중한 큰 일을 그르칠까 염려하여 상소를 바치며 그 책무를 면하고자 합니다.
>
> ─ 임병찬, 「거의일기」, 『의병항쟁일기』, 239쪽.

그의 「거의일기擧義日記」가 시작된 첫 날에 기록된 내용이다. 1912년 9월 하순 고종의 칙령을 받고 거의에 관한 본격적인 활동에 돌입했음을 알려준다. 책무가 막중하여 수행하기 어렵다고 상소했지만 겸사謙辭일 뿐, 사실은 이때부터 독립의군부를 결성하기 위한 본격적인 거의가 시작되었음을 알리는 상소라 할 수 있다. 이때 독립의군부 전라남도 순무대장에 임명한다는 칙령을 거부하지 않은 점으로 보아 더욱 그러하다.

1913년 정월 10일(양력 2. 15), 전 참판 이인순李寅淳은 고종이 보낸 밀조密詔와 칙명 등을 받들고서 그를 찾아 왔다. 고종은 밀조를 통해 밤낮으로 격분하여 국권을 회복하기 위해 노력중이며, 그에게 편의종사를 거듭 강조하였다. 지난번에 올린 면직 상소에 대한 비답에서 "그대의 뜻을 알겠으니 사양하지 말고 독립을 위해 애써 달라고 명령하면서 더 이상 번잡하게 상소하지 말라"고 하였다. 아울러 칙명에는 인신印信을 목재로 만들어 사용할 것과 그를 전라남북도 독립의군부 순무대장으로 임명하고 신표로서 상방검尙方劍을 보낸다는 내용이 들어 있었다. 이에 따라 그는 "비록 재주는 없지만 명령이 이와 같이 지극히 무거우니 어찌 감히 따르지 않겠는가"라고 말하였다. 이에 대해 이인순은 나라가 망한 후 3천리 강산을 회복하겠다고 다짐하는 '복국운동復國運動'의 움직임이 국내외에 걸쳐 전혀 없다며 한탄하였다. 이때부터 그는 국권을 회복하기 위한 구체적인 방안을 모색하기 시작했다.

그는 같은 달 16일 아들 응철로 하여금 이인순을 모시고 서울에 가서 전 참판 이명상, 김재순, 곽한일, 전용일 등과 만나 함께 방안을 논의하라고 하였다. 다음 달 초순 응철은 서울에서 전북으로 돌아오면서 '독립의군부전라남북도순무총장겸사령관'으로 임명한다는 칙명을 가져와 전달했다. 이로써 그는 독립의군부의 편제상 전라남북도 총책임자가 되었다. 그리하여 제자와 자손들로 하여금 여러 지역의 동지와 의사들을 불러 모아 거의를 준비시켰다. 아래의 기록이 그러한 상황을 보여준다.

(1913. 2) 이로부터 문생과 자손들로 하여금 여러 군의 동지와 의사들을 불러 모으고 거의를 준비토록 하였다. ─「연보」, 『의병항쟁일기』, 286쪽.

그가 독립의군부의 전라남북도 순무총장겸사 령관에 임명된 직후부터 전라도에서 동조세력의 규합에 나섰음을 알 수 있다. 다시 말해 1913년 양력 3월 중순부터 임병찬은 전라도 지역 독립의 군부의 조직을 갖추기 위해 적극적으로 활동하였 다. 즉, 그는 아들 응철을 비롯한 친지와 제자들 로 하여금 전라도 지역을 순회하며 '충신 의사의 후예'들을 동조자로 끌어들였다. 당시 전북에서는 장수, 진안, 무주, 익산, 옥구 등지에서, 전남에서

독립의군부 김재구 칙명(1912)

는 옥과, 곡성, 순천, 낙안, 보성 등 전라남북도의 여러 군읍에서 상당한 동조자를 확보할 수 있었다. 이 과정에서 흥덕의 김재구의 활동이 탐지 되어 한때 위기일발의 위험을 겪기도 했지만, 그러한 위험을 감수하면 서도 그는 독립의군부의 동조자를 지속적으로 발굴하여 동참시켰다.

수개월후인 음력 11월에 그는 거의방략이 담긴 「관견管見」을 완성함 으로써 거사를 도모할 준비가 거의 완료된 것으로 보인다. 국권을 되찾 기 위한 임병찬의 거의방략인 「관견」은 고종에 의해 수용되었을 것으로 믿어진다. 왜냐하면 「관견」을 작성한 직후 임병찬에게 세 차례의 추가 적인 밀칙이 내려진 점에서 그러하다. 이러한 밀칙을 통해 임병찬은 독 립의군부의 결성과 관련된 전권을 위임받았다. 이처럼 그는 고종의 두 터운 신임을 받으며 독립의군부의 결성을 적극 추진했던 것이다.

「관견」은 '논천하대세論天下大勢'를 시작으로 '논시국형편', '지기知己', '지피知彼', '천시天時', '제승制勝', '정산定算', '요인料人', '요사料事', '비어備禦'

등 10개 주제로 서술되어 있고, 부록으로 '규칙'이 실려 있다. 이 자료는 독립의군부의 노선과 편제, 독립 이후 국가건설 방향을 제시하고 있다는 점에서 임병찬의 독립사상이 압축되어 있다. 먼저 그는 천하대세를 통해 당시 국제정세가 일본에 불리해지고 있다고 예견하였다. 이 점을 시국의 형편에서 더 자세하게 언급하고 있는데 열강의 각축이 치열하지만 세계대전이 일어나지는 않을 것으로 파악하였다. 따라서 세계대전을 전제로 한 국내외 독립운동은 전제부터 잘못되었다고 비판하였다.

그리고 1900년대 의병항쟁의 한계를 냉정히 분석하였다. 예컨대, 의병 지도부 및 구성원의 역량 부족, 활동상의 한계 등을 지적한 것이다. 특히 문벌이나 신분, 지역 등의 차별을 일삼는 문제를 가장 큰 걸림돌로 인식하였다. 하지만 국내외 정세는 우리에게 유리한 것으로 파악했는데, 반일의식이 고조된 점과 일본의 침략 원흉인 메이지明治와 이토오 히로부미, 카스라 다로桂太郎 등이 죽은데다 정권이 교체되는 불안한 상황임을 언급하였다. 당시 일본 정계의 변화에 주목하며 민권당의 약진에 기대를 걸고 있었다. 그들이 집권할 경우 우리에게도 희망이 있을 것으로 관측하며 "민당이 집권하는 날에 우리나라도 역시 민권으로 명분을 내세워 온 나라가 함께 움직이면 아마도 좋은 도리가 있을 것"이라고 하였다.

이를 위해 이른바 '이문제무以文制武'가 가장 효과적인 독립운동의 방략이라 주장하였다. 여기서의 문은 장서운동長書運動을 의미하는데, 장문의 편지로써 투서하는 활동으로 규칙에 자세한 방법이 제시되어 있다. 즉, 장서 담당 조직, 투서의 시기 선정, 태극기 게양 방법, 조직원의 행

동지침, 장서 담당자의 선발, 비밀 유지의 방안 등이다. 장서운동의 주요 대상은 각국 공사관과 조선총독부, 각 도와 각 군의 경찰기관과 군대 등이었다. 장서의 내용은 매우 단순한데, 조선의 국권을 즉각 반환하고 일제의 모든 식민기관을 폐쇄한 후 철수하라는 것이었다. 이와 같은 장서운동은 상소운동을 변형시킨 것으로 제국주의 침략에 대한 양반 유생층의 고유한 대응방식이었다. 따라서 최익현이 일관되게 추진했던 상소운동의 연장선상에서 이해될 수 있다.

그런데 장서운동이 성공하면 독립의군부는 행정기관과 민권기관을 설치할 계획이었다. 전자는 육군 직제와 통합하여 군권을 겸직하고, 후자는 향약 조직을 성균관 관제와 일치시킨 특징을 지녔다. 행정기관은 육군 직제와 통일시켜 종1품 육군부장陸軍副將에 해당하는 병마도총장兵馬都總長부터 9품 참교에 해당하는 통장을 두는 것으로 되어 있다. 민권기관은 성균관 관제와 일치시켜 대제학에 해당하는 종1품 참모총약장參謀總約長으로부터 9품 교수에 해당하는 약정約正까지 배치하였다. 즉, 독립의군부는 군주제 중심의 성리학적 지배체제를 유지하기 위한 관제이므로 복벽주의를 지향한 비밀결사라 할 수 있다.

독립의군부의 관제를 표로 제시하면 〈표 1〉과 같다.

<표 1> 독립의군부의 관제

행정구역	행정기관			민권기관		
	품계	관직	軍職	품계	직위	성균관
원수부	종1품	병마도총장	부장	종1품	참모총약장	대제학
5영*	정2품	사령총장	부장	정2품	참모부약장	부제학
8도	정2품	순무총장	부장	종2품	참모약장	직제학
13부	종2품	관찰사	참장	종2품	도약장	제힉
(府)	정3품	부사	참령	정3품	부약장	학사
군	정3품	군수	정위	정3품	군약장	학사
(鄕)	정6품	향장	참위	정6품	향약장	박사
면	7품	면장	정교	7품	면약장	학관
리	8품	리장	부교	8품	리약장	교관
통	9품	통장	참교	9품	약정	교수

* 5영(營): 서울 개성 광주 강화 수원, 출전: 이상찬, 「대한독립의군부에 대하여」, 812쪽.

　　이미 언급하였듯이 향약은 고종의 명령에 의해 추진된 민권조직으로 설정함으로써 성리학적 양반지배체제를 염두에 둔 것이었다. 민중의 성장을 인식하여 민권이라는 용어를 차용했지만 그는 고종의 복위를 염두에 둔 군주제를 선호하였음을 알 수 있다.

독립의군부를 결성하다

　　드디어 1914년 2월 15일(양력 3. 11) 거의복국擧義復國의 장정에 들어가기 위해 가묘에 인사를 드린 후 가족의 곁을 떠났다. 그는 태인에 있는 스승의 사당에는 김기술, 권재일 등과 같이 인사를 올렸으며, 옥구의 조상묘소에도 차례로 하직인사를 올렸다. 그는 발길을 재촉하여 서울에 가서 전 참판 이명상李明翔, 이인순 등과 구체적인 방략을 협의한 후 독립의

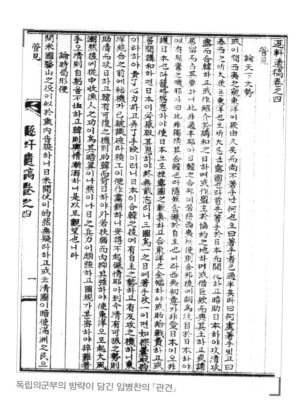
독립의군부의 방략이 담긴 임병찬의 「관견」

군부 육군부장陸軍副將 전라남북도 순무총장에 임명되었다. 이 무렵 그는 고종으로부터 국권을 회복하기 위해서는 향약의 조직을 활용하는 것이 바람직하다는 글을 받았다.

이와 관련하여 그는 독립의군부의 결성을 주도한 앞서의 인물들과 긴밀히 협의하였다.

(1914년 2월) 25일 참판 이명상, 이인순 및 채상덕, 곽한일 등 여러 인사들

이 집에 와서 함께 일을 논의하였다.

- 임병찬, 「거의일기」, 『의병항쟁일기』, 241쪽.

1914년 2월, 임병찬은 전직 고위 관료 및 양반 유생들과 더불어 거사를 논의했다는 것이다. 당시 그는 이명상, 이인순과 상의하여 각 도와 각 군의 대표를 선정하였다. 이들 외에도 그는 김재순, 전용규, 이식 등과 긴밀하게 협의하였다. 이들이 바로 독립의군부의 지도부로 활동한 것이다. 이 가운데 김재순, 이식을 제외하고는 모두 독립의군부의 총대표에 포함되어 있던 인물들이다.

1914년 3월 그는 독립의군부의 대략적인 편제를 확정할 수 있었다. 이무렵 그는 이명상, 이인순 등과 협의하여 총대표 및 각 도, 각 군 대표를 선정하였다. 총대표는 임병찬 자신을 비롯한 이명상, 이인순, 곽한일, 전용규, 조재학, 고석진 등 13명으로 구성되었으며, 각 도 대표에는 경기도의 경우 최익현의 아들 최영설을 비롯하여 대체로 1명씩 선정되었으나 전라도와 황해도는 각각 5~3명이 임명되었다. 아마도 전라도의 경우에 군대표郡代表의 규모가 가장 많았던 때문에 도대표道代表도 많았을 것이다.

전국에 걸쳐 군대표가 선정되었는데, 총 302명 가운데 전라도가 214명(전북 144명, 전남 70명)으로 압도적으로 많다. 이어 충청도가 41명이었으며, 경기도와 경상도가 각 3명, 출신지를 알 수 없는 경우가 41명, 나머지 다른 도의 군대표는 선정되었는지 잘 알 수 없다. 임병찬을 비롯한 독립의군부의 지도부는 전라 충청 경기도에서 동조자를 규합하는 과정에서 가장 큰 호응을 얻었던 것이다. 특히, 전북 태인 출신의 군대표가 가장 많았다는 점은 임병찬의 활동과 무관하지 않을 것이다. 그가 연고지역을 중심으로 동조자를 물색함으로써 자신의 출생지인 전북 옥구와 그의 거주지였던 태인 지역, 그가 군수로 활동했던 전남 낙안과 그 인근지역 등에서 대거 가담하였다. 그리고 충청도의 경우에도 최익현이 말년에 거주하던 충남 정산과 그 인근지역 출신들이 많았다.

독립의군부의 특징

독립의군부의 구성원들은 대체로 의병 계통이 많은 편이었다. 특히 1906년 윤 4월 전북 태인에서 봉기한 태인의병에 참여한 인물들이 많았다. 이른바 '12의사'에 포함된 임병찬을 비롯한 고석진, 김기술, 문달환과 조재학, 임병대, 임응철 등과 같은 태인의병에 동참했던 인물들이 독립의군부에 상당수 가담했음을 알 수 있다. 또한 독립의군부의 구성원 중에는 최익현과 임병찬의 제자들이 많았다. 다시 말해서 망국 이전에 전북 태인을 중심으로 활약하던 의병들이나 최익현의 문인들이 독립의군부의 결성에 적극적이었음을 알 수 있다.

임병찬은, 독립의군부가 조직다운 면모를 갖추면 곧바로 활동에 들어갈 예정이었다. 그는 전국에 걸쳐 군단위 조직까지 정비한 후에 독립을 목적으로 한 전국적인 장서長書운동을 전개할 계획이었다. 그는 일본의 이른바 '대정大正 데모크라시'의 분위기를 이용하여 전국에서 일제히 조선의 독립을 발표하고 나아가 세계 열강에 독립을 호소하려는 것이

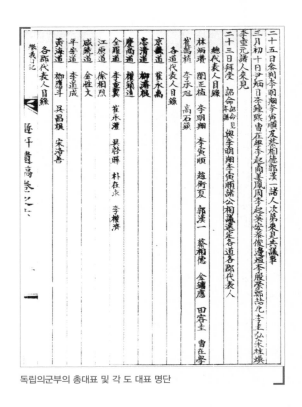

독립의군부의 총대표 및 각 도 대표 명단

었다.

조선 사람을 많이 모아 단체를 조직하고 각 지방으로 연설 기타 방법에
의지하여 독립사상을 고취하다가 기회를 보아 각 지방에 일제히 조선독
립선언을 발포하고 열국의 동정을 얻어 근본 먹었던 꾀와 뜻을 관철.

－「대담교활한 사기단」, 『매일신보』 1915. 3. 16.

독립의군부의 핵심지도부인 임병찬, 전용규, 곽한일, 김재순 등은 일본의 국내 정세를 나름대로 분석한 후 외교론적 방법에 의한 독립의 환원을 기대하였다.

이들은 이른바 '이문제무以文制武'의 논리에 의해 전국적 장서운동을 동시에 펼칠 계획이었다. 즉, 전국의 360개 군이 일시에 총독부와 외국 공관, 도에 주재하는 경무부 및 부군府郡에 주둔하는 일본군 병참에 투서하는 운동을 전개하려는 것이었다. 또한 장서운동 직전에 각 고을마다 태극기를 게양하기로 하였다. 거사 후에는 곧바로 향약을 실시할 예정이었다. 이들이 계획했던 외교론적 방법론에 대한 평가는 현재 엇갈리고 있지만, 장서를 통한 외교론적 방법은 의병항쟁기에도 자주 사용되었던 점으로 보아 의병활동의 일환으로 이해할 수 있을 것이다. 더욱이 앞서 보았듯이 독립의군부를 주도하거나 참여한 인사들은 대체로 의병 계열이었다. 이들이 의병의 상소운동이나 향약부흥운동을 계승하였다는 점에서 보더라도 이들의 활동을 의병의 연장선상에서 이해할 수 있을 것이다. 따라서 독립의군부는 의병에서 독립군으로 전환하는 단계의 전환기의병이라 할 수 있다.

독립의군부를 전환기의병으로 볼 수 있는 배경은 그 명칭에서도 찾아진다. 임병찬을 비롯한 의병 계열의 주요 인물들이 주도하였음에도 불구하고 '의병'이란 명칭 대신에 '독립의군獨立義軍'을 사용하였다는 사실이다. 즉, 1910년 8월 일제가 대한제국을 강점하자, 이들은 스스로 '독립의군'을 자임하면서 독립을 되찾기 위한 비밀결사를 조직하였다. 망국 이전의 의병들은 국권을 수호하기 위한 활동이라 할 수 있으나, 일

조선총독부 기관지의 독립의군부 관련 기사(『매일신보』 1915. 3. 16)

제의 강점이후 이들은 망국을 인정하고서 독립을 쟁취하기 위한 활동으로 전환하였다. 따라서 독립의군부는 1910년대 이후 의병 계열이 독립군으로의 전환 과정을 보여주는 가장 대표적인 사례라 하겠다. 이는, 1910년 6월에 결성된 연해주의 13도의군十三道義軍과도 비교된다. 13도의군은 의병장 유인석의 주도로 연해주의병을 모체로 하여 다양한 독립운동세력을 통합, 결성되었다. 그런데 명칭에서 알 수 있듯이, 이들 역시 '의군'이라 표방하였다. 여기에서도 의병에서 독립군으로 발전해가는 과도기적 단계임을 확인할 수 있다.

그리고 독립의군부는 행정기관과 민권기관을 갖춘 항일운동단체였다. 앞서 말한 바와 같이 전자는 육군 직제와 통합하여 군권을 겸직하고, 후자는 향약 조직을 성균관 관제와 일치시킨 특징을 지녔다. 이로써 보면 행정기관을 군사조직과 일치시켰다는 점에서 독립운동단체로서의 위상을 갖게 하였고, 민권기관은 향약조직에 의해 유림들이 장악하도록 구상되었음을 알 수 있다. 임병찬은 국권을 환원받을 경우 즉시 향약을 실시하여 양반중심의 성리학적 지배체제를 회복할 계획을 수립한 것이다. 그는 독립의군부를 복벽주의를 지향한 항일운동단체로 구상했음을 알 수 있다. 그가 고종의 두터운 신임을 받으며 독립의군부의 결성을 주도한 점에서 보면 당연한 결과라 하겠다.

한편, 그해 5월 그는 독립의군부 육군참장陸軍參將에 배수되었으며, 다시금 고종은 향약의 조직을 활용하여 민단을 구성해야 나라의 근본을 세워 국권을 되찾을 수 있다고 지시했다. 고종은 명성과 덕망을 갖추고 겸손하고 신중함을 겸비한 충성스러운 사람이라면 문벌을 가리지 말고 발탁하여 국권 회복에 기여할 수 있어야 한다는 점을 강조하였다. 그런데 독립의군부의 조직을 확대하던 중이던 5월 23일(양력 6. 16) 김창식金昌植이 일본 경찰에 체포되었다. 김창식은 일제의 모진 고문을 견디지 못해 독립의군부의 실체를 발설한 것이다. 이로 인해 김창식을 비롯한 이기영 등 수십 명이 체포되었다.

이때 체포되어 재판을 받은 윤호尹浩 등은 1913년 2월경 전북 군산 부근에서 동지들과 만나 대한교민광선회大韓僑民光鮮會라는 비밀단체를 결성하였다. 이들은 1914년 5월 서간도 합니하哈泥河에 거주하며 광제회光濟會를 조직한 여준呂準 등과 독립운동에 관한 의견을 교환하였다. 이처럼 독립의군부의 일부 인사들은 해외독립운동 세력과 연계하여 군자금 조달과 동지의 규합에 앞장선 바 있다.

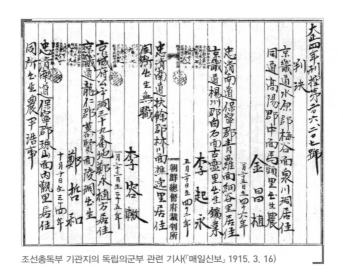

조선총독부 기관지의 독립의군부 관련 기사(『매일신보』 1915. 3. 16)

독립의군부의 실체가 드러나다

일제는 독립의군부에 대해 다음과 같이 파악하였다.

본건 범죄는, 1913(1912 - 저자주)년 9월 임병찬林炳瓚, 이인순李寅淳, 전용
규田鎔圭 등이 제의하여 발생한 사건이다. 그들이 제의한 내용은, '경성에
독립의군부 중앙순무총장中央巡撫總長을 두고, 각 도에는 도순무총장道巡撫
總長, 각 군에는 군수郡守, 면에는 향장鄕長을 배치하여 내각 총리대신과 총
독이하 조선 내 대소 관헌에게 상시에 국권반환을 요구하는 서면을 보내
어, 이로써 일본 관헌에게 조선통치의 어려움을 알게 한다. 그리고 외국
에 대해서는 조선인이 일본에 열복悅服하지 않는다'는 것을 보여주며, 또

조선인에게 국권회복의 여론을 일으키기 위해 「관견管見」이라는 서면을 휴대하고 1914년 4월부터 5월까지 동지를 모집하던 중인 그들을 발견하여 검거한 것이다. 이 사건 관계자는 주로 도내 출신 폭도(의병 – 저자주)들의 수괴로서 당시 한국 제일의 활동가라는 말들이 있는 유학자인 허위許蔿의 일족·부하 또는 친구 등이 많다. 또한 상당히 저명한 유자儒者가 참획하고 있어서, 그 결사조직이 깊은 국권회복의 생각에서 나온 것으로 판단된다.

『高等警察要史』, 1934; 류시중·박병원·김희곤, 『국역 고등경찰요사』, 선인, 2009, 335쪽.

위의 인용문에서 알 수 있듯이, 독립의군부는 1912년 9월이후 본격적으로 활동을 하다가 1914년 전반에 일부 조직원들이 체포됨으로써 이들의 실체가 알려지게 되었음을 알 수 있다. 아울러 지금까지 살펴보았던 독립의군부의 주도 인물과 목표, 조직 내용과 구성원의 특징, 「관견」의 존재 등을 확인할 수 있다.

위의 내용은 전용규, 곽한일 등 체포된 인물들의 판결문과도 거의 비슷하다. 따라서 이들의 판결문을 통해서도 독립의군부의 목적과 주도 인물, 결성 과정과 지휘 체계, 주요 구성원의 역할 등을 파악할 수 있다. 독립의군부와 관련된 인물로서 재판을 받은 전용규田鎔圭, 김재순, 곽한일, 이정로李鼎魯, 김창식 등을 들 수 있다. 판결문에 나타난 이들의 활동에 대해 간단히 살펴보고자 한다.

망국이전 전용규는 궁내부 시종으로 봉직했는데, 충남 결성結城 출신이었다. 그는 1912년 봄부터 곽한일 등 동지들과 국권회복을 암중모색

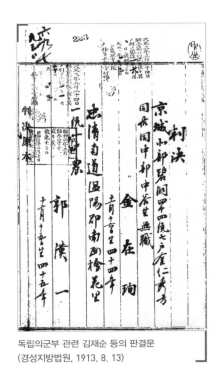

독립의군부 관련 김재순 등의 판결문
(경성지방법원, 1913. 8. 13)

을 하다가 그해 9월부터 본격적으로 독립의군부의 결성에 주력해왔다. 곽한일은 충남 온양 출신으로 1906년 홍주의병에 가담했다가 종신유배형을 받은 인물이다. 그는 이인순, 이식, 김재순, 이정로 등과 긴밀하게 연락하며 독립의군부의 조직과 활동방향을 협의하였다. 김재순은 서울 출신으로 망국 이전 중추원 의관과 평리원 판사를 역임한 바 있는데, 당시 경제연구회 회장을 맡고 있었다. 그는 일본의 국내사정을 관망하며 독립운동의 기회를 찾던 중 독립의군부와 연결되었다. 이처럼 독립의군부의 결성 초에는 서울의 전직 관료이거나 홍주의병에 가담한 충청도 출신들의 역할이 컸음을 알 수 있다. 한편, 판결문에는 없으나 임병찬과 자주 만났던 이식은 1906년 홍주의병의 소모사로 활동한 충남 청양 출신인데, 그는 고종의 의중을 임병찬에게 전달하는 임무를 주로 맡았던 것 같다.

그런데 이들 중에 이식과 이인순 등이 '국권회복을 위한 독립의군'이라는 비밀결사를 결성하기로 하고서 가장 먼저 동지의 규합과 재정의 확보에 나섰다. 이때 이식은 고종의 뜻을 임병찬에 전달하며 비밀결사에 참여해줄 것을 요청한 바 있다. 이에 임병찬은 이식이 전한 내용을 파악하기 위해 아들 응철을 서울로 파견해서 김재순, 곽한일 등과 만나 의견을 나누었음은 앞서 언급한 바와 같다. 이식 등이 임병찬을 독립의군부에 참여시키려는 의도나 배경은 무엇이었을까. 단순히 그가 1906년 태인의병을 주도한 점만을 고려했을 수도 있으나 보다 구체적인 의도와 배경이 있었을 것이다. 이 점은 그가 최익현을 도와 태인의병을 주도하다가 체포되어 대마도에 같이 구금된 전력과 관련이 깊을 것이다. 임병찬은 대마도 구금 당시 이식을 처음 만났는데, 이 과정에서 서로 두터운 신뢰를 쌓았던 것으로 짐작된다. 그리고 무엇보다도 고종이 임병찬을 신임했던 점이 크게 작용했을 것이다. 고종은 임병찬이 가장 강력한 의병항쟁을 유발한 태인의병의 실질적인 주도자라는 점이라든가, 식견이 뛰어난 행정가이자 전략가라는 점을 참작했을 것이다. 또한 그가 최익현의 유소를 바칠 때 자신의 상소문에서 한결같이 스승의 충절을 찬양했던 점이 고려된 것 같다. 고종은 이 점을 국가와 국왕에 대한 변치 않은 충성심과 연결될 것으로 파악했을 것이다. 그리고 전라도 지역이 왜란 당시 의병의 본거지였을 뿐만 아니라 강력한 반일투쟁을 전개한 한말 후기의병의 중심무대였다는 점도 그를 신임하는 배경으로 작용했으리라 판단된다.

결국 임병찬은 독립의군부의 조직을 완전하게 편성하지 못한 채 체포되고 말았다. 그는 테라우치 마사타케寺內正毅 총독에게 글을 보내어 면회를 요청하였다. 총독을 대신한 타치바나 코이치로立花小一郎 정무총감에게 한국의 독립을 요구하고 동양평화를 위한 진정한 방안 등이 담긴 서한을 총독과 일본의 총리대신에게 보내줄 것을 요구했다. 정무총감은 그의 의향을 알아보기 위해 당시의 국제정세 등에 관해 주로 질문을 던졌다. 그는 동양평화를 위한 자신의 방안을 적극 설명하는 한편, 일제의 식민정책을 강력히 비판하였다. 아울러 그는 총독과 일본의 총리대신에게 보내는 서한을 통해 국권의 반환을 요구하는 자신의 소신을 당당하게 밝혔다. 이 점만 보더라도 독립의군부의 장서운동은 외교적 노력에 의해 국권을 반환받으려는 시도였음을 알 수 있다. 이어서 그는 일본 경시청의 쿠니토모 쇼겐國友尚謙의 심문을 받았다. 쿠니모토는 먼저 그의 신분이 향리였음을 상기시킨 후 힘도 없는 주제에 국권회복은 가당하지 않은 일이라며 조롱하였다. 또한 이른바 은사금을 받지 않은 일을 거론하며 협조하면 풀어줄 듯 회유했으나 그는 단연코 거부하였다.

이상과 같이 1914년 5월 임병찬을 비롯한 수십 명이 체포됨으로써 독립의군부는 와해되고 말았다. 임병찬은 그해 6월 거문도巨文島에 유배되었으며, 김재순은 징역 2년형, 곽한일, 전용규, 이정로 등은 각각 징역 1년6개월형을 선고받아 옥고를 치렀다. 독립의군부에 가담했다가 체포를 면한 인사들은 다른 비밀결사에 참여하기도 하였다. 예컨대, 한훈韓焄, 유장렬柳璋烈 등이 꼽힌다. 이들은 경상도를 거점으로 활동하는 광복회와 민단조합에 참여하여 항일활동을 이어갔던 것이다.

절해고도 거문도 유폐와 순국

거문도에 유폐되다

임병찬은 1914년 6월 3일(양력 7. 25) 조선총독부 경시청으로 압송되었다. 그가 총독과 일본 내각의 무례함을 질책하는 편지를 보낸 지 이틀만에 경시청으로 압송된 것이다. 그는 경시청의 감시가 소홀한 틈을 노려 가지고 있던 칼로 자신의 목을 여섯 곳이나 찔러 자결을 시도했으나 원하던 죽음을 얻지 못하였다. 그는 포기하지 않고 물과 음식을 끊는 단식투쟁을 전개하였다. 그의 옥중 순국을 두려워한 일제는 그의 요구 사항을 물었으나 아무런 소용이 없었다. 이미 그는 태인의병을 일으킬 당시 자신의 목숨을 버린 것으로 간주했기 때문이다.

이러한 그에게 일제는 1914년 6월 13일 보안법을 위반했다 하여 경무총장의 이름으로 거문도에 1년 정배定配할 것을 명령하였다. 당시 그는 일제 경찰로부터 1년 정배형을 확인하는 날인을 강요받았으나 끝까지 거부하였다. 그의 정배형은 유배라기 보다는 사실상 유폐幽閉였다. 그는 경찰서에 유치된 소지품인 의관衣冠과 요대腰帶, 패도佩刀와 안경 그리고 협낭夾囊 등은 돌려받았으나 댓님 등을 돌려받지 못하였다. 기차 시간을 맞추기 위해 헌병조장을 비롯한 경찰관계자들이 그를 인력거에 태워 서울역으로 호송했기 때문이다. 그리하여 그는 서울에서 기차를 이용하여 목포에 도착해서 목포경찰서에 일시 구금되었다가 다시 경비기선警備汽船을 타고 진도를 거쳐 거문도의 고도古島에 도착하였다.

거문도는 크게 고도와 동도東島, 서도西島 등 세 섬으로 이루어져 있었다. 그중 고도는 동도와 서도 사이에 있는 작은 섬으로 외부와 연결되는 선착장이 구비된 거문도의 지리적 요충지이자 중심지였다. 따라서 고도에 순사주재소가 위치해 있었는데, 그곳 주재소의 일본인 소장 야마모토 코우사쿠山本幸作은 공문을 접수한 후 한국인 통역순사 유문준兪文濬를 통해 그에게 몇 가지 주의사항을 하달하였다. 그가 거문도의 고도에 도착했던 6월 15(양력 8. 6)일에는 아직 배소配所가 준비되지 않은 관계로 거문도의 순사주재소에서는 그를 주점을 하는 주민 최기崔淇의 집에 임시로 머물게 하였다. 이로써 거문도 유배생활이 시작된 것이다. 당시의 상황을 그는 다음과 같이 기록하였다.

오후 5시경 거문도의 고도 선착장에 도착했다. 배에서 내리자 최정崔正 김석현金錫鉉이 나를 부축하고 아사이淺井가 호위하여 주재소에 도착하니 소장 야마모토 코우사쿠山本幸作가 공문을 검토한 다음 통역겸순사 유문준兪

거문도 전경

文濟으로 하여금 몇 마디 물어본 후에 말하기를, "머물 곳을 아직 수리하지 못했으니 우선 주막에서 묵으면 곧 머물 곳을 정하겠습니다"라고 말했다. 주막집 일꾼 오경환吳景煥에게 업혀 최기崔淇. 일명 文五의 집에 이르니 그는 마침 집에 없었다. 안주인은 해남 사람이다. 노파의 접대하는 말씨가 은근하고 정성스러웠다.   －임병찬, 「거문도일기」, 『의병항쟁일기』, 247쪽.

그의 적거지가 수리되지 않아 일단 주막에 머물게 되었다는 것이다.

사실 그는 앞서 언급한 바와 같이 거문도와 연관이 없지 않았다. 1888년에 진이 설치된 거문도의 설진별감設鎭別監으로 그 이듬해 제수된 바 있었기 때문이다. 거문도에 진이 설치된 배경은 영국의 거문도 점령에서 기인한 것이었다. 그는 25년전에 군사적 요충지였던 거문도의 군사적 책임자였다. 그가 국권을 되찾기 위한 활동을 전개하다가 죄인의 신분으로 이곳에 정배되리라고는 전혀 생각하지 않았을 것이다.

거문도 유폐 생활

일제는 이미 1906년에도 그를 일본의 대마도에 감금한 바 있었다. 그후 8년이 지난 1914년 6월에 그를 거문도에 다시 정배시켜 유폐한 것이다. 따라서 일제가 그를 두 번씩이나 절해고도의 섬에 유폐시킨 의도가 무엇인지 궁금하다. 그는 거문도 순사주재소의 집중적인 감시를 받았다. 주재소의 순사 1~2명은 그의 동태를 파악하기 위해 거의 매일 적거지讁居地에 들렀다. 이미 그는 서울에 구금되어 있을 때 자진自盡을 시도하다 실패하자, 14일 동안 단식하며 자결을 기도한 바 있었다. 따라서 거문도의 순사들은 그러한 점을 의식하여 그의 동태를 더욱 면밀히 파악한 것으로 보인다. 하지만 그는 임시 배소의 주인과 주재소 순사를 곤란하게 만들지 않겠노라며 안심시켰다. 그가 거문도에 도착한 다음날 단식을 풀고 밥을 먹겠다고 밝히자 감시하는 경찰뿐만 아니라 주막집 주인도 기쁜 표정이었다.

실제로 그는 이곳 순사주재소의 순사뿐만 아니라 상급기관인 여수경찰서의 서장을 비롯한 경찰관계자들과 비교적 우호적인 관계를 유지하였다. 이 과정에서 거문도 순사주재소장과 여수경찰서장警部 야마다 사다키치로山田貞吉郎은 그와 더불어 주로 세계정세에 관한 의견을 교환하였다. 아마도 일제 경찰은 제1차 세계대전의 추이 등 세계정세에 대한 그의 인식이 어떠한가를 파악한 것으로 보인다. 또한 이 과정에서 일제 경찰은 임병찬이 주고받는 편지를 검열하기도 했으며, 여수경찰서장 야마다는 임병찬의 시문을 보여 달라고 요구하기도 하였다. 그리고 거문도

순사주재소장 야마모토는 총독부의 전훈電訓을 그에게 전달했는데, 날인하지 않은 것을 빌미삼아 정배를 1년 연기한다는 내용이었다. 이와 같이 일제는 거문도의 순사주재소와 여수경찰서를 통해 그를 감시하거나 동향을 파악하였다. 그의 동태는 조선총독부 경무국의 지휘체계에 의거하여 보고되거나 하달되었을 것이다.

그리고 거문도 주민들은 그에 대해 다대한 관심을 나타냈다. 거문도에 온지 하루만에 그는 서도의 덕촌德村 주민인 박홍기朴洪基, 수문장守門將을 역임한 원세학元世學 등과 첫인사를 나누었다. 곧이어 그는 서도 장촌長村의 김동규金東圭, 김재윤金在潤, 김태홍金兌洪 등을 만났다. 그 후에도 장촌의 김보현金寶玄, 김사규金士圭, 김성제金性濟, 박원식朴源植, 김상인金相仁, 덕촌의 원양빈元良彬, 김익빈金益彬, 최병영崔秉英, 동도 유촌柚村의 오위장, 김경권金敬權, 고도에 머물고 있던 경남 동래 출신의 박춘병朴春秉 등 상당수의 주민들이 그를 만나러 왔다. 그 중에는 그가 거문도의 설진별감으로 활동할 때 만난 사람도 있었다. 특히 그는 서도 주민들과 자주 접촉했는데, 그가 서도 덕촌의 원세학과 김찬성金贊成의 집 등을 배소로 삼아 여러 차례 전전하였기 때문일 것이다.

이들은 그를 만나 궁금한 사항에 관해 담론하기를 즐겼다. 그 가운데 김보현은 그에게 거문도사건의 전말을 비교적 소상하게 전해주었으며, 이 사건으로 인해 조선 정부가 1888년에 거문도에 진을 설치했다는 사실도 알게 되었다. 제1차 세계대전 시기에 중국 산동성의 청도靑島와 요주膠州를 놓고서 독일과 일본이 차례로 점령한 사건에 대해 임병찬과 거문도 주민들은 전쟁의 추이와 중일中日 관계의 변화 등에 관해 의논하기

임병찬이 유폐된 거문도 서도의 덕촌마을

도 하였다. 또한 원세학 등 거문도 주민들은 송병선, 최익현, 곽종석郭鍾
錫, 전우田愚, 기우만 등 대표적 유학자들의 인물됨과 행적 등에 대해서도
관심이 깊었다. 특히, 1906년 거의 당시 최익현과 기우만의 행동을 어
떻게 보아야 하는가의 문제를 놓고서 그는 섬 주민들과 격론을 벌이기
도 하였다. 이로써 볼 때 거문도 주민들이 수백 리 멀리 떨어진 섬에서
살고 있었지만 육지에서 일어난 일들을 대단히 소상하게 파악하고 있었
으며, 시국관이나 인물평 역시 매우 예리했음을 알 수 있다. 다시 말해
거문도 주민들은 세계정세를 정확히 파악하고자 노력하였으며, 송병선
을 비롯한 우국지사에 대한 관심이 컸을 뿐만 아니라 독립을 추구하는
시국관을 지녔음을 알 수 있다.

임병찬은 거문도 주민들의 요청으로 후진을 양성하였다. 비록 그가 감금된 유배수였지만 그의 식견과 학문을 배우게 하려는 주민들의 요구에 따라 아동들을 가르친 것이다. 다음 기록이 그러한 상황을 전해준다.

> (1914) 음력 동짓달 초이튿날 바닷가 원세학의 집으로 거처를 옮겼다. 원을상(16세), 박청길(15세) 두 아이가 와서 수업을 요청하자 접接을 개설하여 글을 읽었다.
> — 임병찬, 「거문도일기」, 앞의 책, 251쪽.

그는 원세학의 집에서 원을상 등에게 글을 가르쳤다는 것이다. 조찬삼趙贊三의 손자인 남식南植, 그리고 송순기宋順基, 박관오朴官五, 김귀문金貴文 등도 천자문 등을 배웠다. 이들은 대체로 10대의 청소년들이었을 것이다. 약 2년간의 교육을 통해 이들은 상당한 지식을 축적하고 감화를 받았으리라 믿어진다.

그는 자신의 학문에도 게을리하지 않았다. 1915년 3월 30일자 일기에서 다음과 같이 밝힌 점에서 그러하다.

> 일본 대마도에서 귀양살이 할 때 역경易經을 베꼈으나 끝내지 못한 것을 이제야 그 계사繫辭 및 총목을 유촌柚村 박진기朴晉琪의 집에서 모두 등사하였다. (중략) 군자의 길은 길고 소인의 길은 사라지는 것이 이치이다. 이것이 어찌 우연이랴. 이를 돌아보면 늙으면 정신이 어지럽고 눈이 어두워 진실로 교정하는 일을 감당할 수 없다. 다만 자기가 하지 못한 것이 두가지 있으니, 그 하나는 선사先師들이 위태롭게 살면서도 도를 즐긴 자취를

오는 세대에 전하는 것이요, 다른 하나는 고인古人이 아침에 도를 듣는다면 저녁에 죽어도 좋다는 뜻을 본받는 것이다.

- 임병찬, 「거문도일기」, 253쪽.

그가 대마도에서 시작한 『역경』 필사를 근 10년 만에 거문도에서 끝내게 되자 매우 기뻐했음을 알 수 있다. 아울러 군자의 길을 가겠노라 다짐하고 있는 것이다.

이러한 그를 거문도 주민들이 극진히 예우하였다. 특히 원세학은 임병찬에게 술과 떡, 생선회와 담배 등을 제공했으며, 서도에 있는 수월산水越山 등대에 같이 놀러가기도 하고 시를 지어 화답하였다. 고도에서 고용살이하던 박춘병 역시 여러 차례 어물을 제공하였다. 이와 같이 거문도 주민들은 그를 존경하며 극진히 대우하였다. 고기를 잡아다 주거나, 특별한 음식을 만들어 전달하기도 하고, 필요한 물건을 구입해준 점에서 그러하다.

한편, 그의 적거생활의 비용은 주로 태인의 본가에서 조달하였다. 그가 거문도에 도착한 지 3일 만인 6월 18일 그의 동생 병대와 손자 진鎭이 여수에서 기선을 타고 거문도에 도착하였다. 이들을 통해 그는 독립의군부의 동지였던 이인순과 이기상李起商은 석방되었으나, 김창식과 이기영李起英이 구속되었다는 소식을 전해 들었다. 며칠 후 아들 응철이 유배생활에 필요한 물건들을 가지고 거문도에 왔었다. 이처럼 그와 가까운 가족들이 그의 유폐생활을 도왔다. 하지만 대체로 손자 경鏡이 임병찬의 유폐생활을 도우며 조부에게서 『대학』과 유학 전반에 대해 배웠다. 이 과정에서 임병찬의 생활비가 떨어지면 손자 경은 태인 본가에 가서 비용을 조달해왔다. 물론 그의 친지와 제자들이 멀리서 찾아와 귀한 음식과 책을 제공하거나 편지를 전해주었다. 즉 그의 친척과 제자들이 그를 방문하여 외로움을 달래기도 했으나, 주로 손자가 함께 기거하며 조부의 유폐생활을 도왔던 것이다.

그는 거문도의 구체적인 풍물과 생활상에 대해 관심이 많았다. 거문도 여성들의 열악한 환경이나 남성과 여성의 역할, 고기를 잡는 방법, 생활 여건 등 1910년대 거문도 주민들의 생활상을 이해하는데 주목되는 내용이 그의 일기에 많이 수록되어 있다. 예컨대, 거문도 덕촌마을의 경우 논이 겨우 20마지기를 넘지 않아서 힘써 밭을 일구어 1년 내내 쌀을 대신하여 보리로 주식을 삼고, 고구마와 해채海菜 등으로 배를 채우는 부식으로 삼는다는 것이다. 섬 주민의 경우 쌀은 제사와 명절 외에는 구경하기 힘들고, 오직 순사들과 일본인들만이 쌀을 주식으로 먹는다고 적었다.

한편, 임병찬은 거문도 유폐생활 중에 약 100수의 시를 지었다. '사방이 푸른 바다로 둘러싸인 외로운 마을'이라 표현한 「고도여회古島旅懷」가 거문도에 정배된 첫 번째 감회인 듯하다. 그는 배소를 전전하면서 「이관덕촌移館德村」, 「이관해안移館海岸」, 「이관移館」 등의 시를 지었는데, 부평초浮萍草와 같은 그의 유폐생활을 묘사하고 있다. 또한 그는 거문도에서 교유했던 인물들에게 지어준 시가 적지 않은데 그중 한시 일부를 옮기면 다음과 같다.

거문도의 일상을 알려주는 「거문도일기」

나라가 무너지니 목숨을 돌아보지 않고

두 번이나 죄수의 욕됨을 당해 처량할 뿐이네

굳센 말은 뱃속에 가득하여 긴 글을 보내고

단검을 들자 붉은 피 뼈 속 깊이 스며드네 (중략)

깊고 정성스러운 밝음은 단청상과 같고

동국의 아름다운 향기 서양에 떨치세   – 임병찬, 「거문도일기」, 250쪽.

거문도에 정배되어 있지만 국가를 위한 굳건한 마음은 전혀 변함이 없음을 알 수 있다.

그는 거문도의 동백冬栢에 대해서도 '푸르디 푸른 동백나무 이른 10월에 꽃이 피나니'라고 하며 여러 수의 시를 남기고 있다. 1년 정배형이 추가된 소식을 듣고서 그는 '살아 돌아가는 일은 기대하지 않으나 그저 혼만이라도 돌아갈 수 있다면 영광이겠네'라고 쓴 「술회述懷」를 남겼다. 그러면서도 그는 서울에 들어가 우연히 옛 친구를 만난 꿈과 스승인 최익현을 모시고 고향으로 돌아가는 꿈을 통해 귀향을 간절히 기대했음을 알 수 있다.

절해고도의 고혼孤魂이 되다

1916년 5월 20일 그는 앓았던 병이 재발하였다. 스스로 향소산香蘇散을 처방하여 일시 효험을 보았으나, 그의 병환은 더욱 위중하였다. 그는 병이 재발한 지 사흘 후인 23일(양력 6. 23) 유시酉時에 거문도의 제자·문인들과 과거와 현재의 적거지 주인들이 지켜보는 가운데 숨을 거두었다. 저녁 노을이 유난히 붉게 거문도의 바다와 마을을 물들였다. 그의 임종을 지켜보던 거문도의 남녀노소 주민들은 슬픔을 가누지 못한 채 장례를 준비하였고, 일본인 순사와 통역은 그러한 정황을 상세히 살펴본 후 총독부에 전보로 그의 죽음을 전했다. 같은 달 28일 덕촌의 신당神堂 곁에 움막을 치고 시신을 모신 채 가족이 오기를 기다렸다.

6월 10일 거문도를 떠난 그의 운구는 목포를 거쳐 흥덕 사포에 도착

거문도에 건립된 임병찬 순지비

하였다. 옥구 본저에서 상여 등 장례 물품을 구비하여 태인을 향해 출발하여 닷새만에 집에 도착하였다. 빈소를 정한 직후부터 3일 동안 비가 그치지 않았다. 임병찬의 영구는 그해 12월 보름날 회문산에 안장되었다. 1928년 봄 34명의 유림들이 발의하여 하청사河淸祠를 정읍 산외면에 건립하였다. 그는 스승 최익현과 함께 하청사에 배향되었다. 1930년 거문도에 그를 추모하는 비가 건립되었고, 6·25전쟁 중에 하청사가 소실된 까닭에 1929년에 세워진 동의기념비同義記念碑만 남아 있다.

이상과 같이 그는 거문도에서 약 2년 동안 감금되어 있다가 결국 죽음에 의해 섬을 벗어날 수 있었다. 그는 거문도에 도착한 순간 살아서 돌아갈 수 없음을 예견하였지만, 일제 역시 그의 생환을 바라지 않았다. 그가 생명이 다하는 날까지 이른바 복국운동을 전개할 것이 명확하기 때문이었다. 이로써 볼 때 일제가 임병찬을 절해고도인 거문도에 유폐한 의도는 의병항쟁과 독립운동 상에서 그의 영향력이 국내에 파급되는 것을 막기 위한 조치로 이해된다. 그는 국권을 되찾기 위한 최익현의 충정을 이어받아 다양한 방법으로 치열하게 복국운동을 전개하다 끝내는 스승과 똑같은 전철을 밟아 절해고도에서 순국하였다. 그 스승에 그 제자라 하겠으며, 그를 최익현의 후신이라 할 수 있을 것이다.

임병찬의 역사적 위상

임병찬林炳瓚(1851~1916)은 변화를 거듭한 인물이었다. 그래서 『기려수필』의 저자 송상도는 그를 네 번이나 변한 용으로 비유하였다. 그의 삶이 범상치 않았음을 보여주는 단적인 예일 것이다. 이 책을 통해 임병찬의 일대기를 재조명함으로써 독립운동 상에서 그의 역사적 위상을 가늠해보았다. 임병찬의 행적을 찾는데 가장 좋은 길잡이는 말할 필요없이 1957년에 간행된 『돈헌유고』였다. 이 유고집을 통해 그의 진면목을 대충이나마 짚어볼 수 있었다.

전북 옥구의 향리가문에서 태어난 임병찬은 어려서부터 출중한 재주로 이름을 날렸다. 한때의 어려움으로 집안 사정이 좋지 않아 훌륭한 스승을 모시고 공부할 수 없었지만 향시에서 두각을 나타내었다. 열여섯 살 향리 신분인 그가 다섯 살이나 위인 명문 유학자 집안의 기우만과 우열을 다퉜다는 일화는 그의 비상한 재주를 잘 보여준다. 그에 앞선 여덟 살에는 임씨 집안의 해묵은 갈등을 해결하는 중재자로서의 능력을 발휘하기도 했다. 어쩌면 이 사건이야말로 그의 일생을 상징적으로 예견해 주었음은 상당한 시일이 지난 후에야 확인되었다.

그는 유능한 중재仲裁 엘리트로서의 사명을 다하였다. 옥구의 형방으로 시작된 그의 향리 생활은 중재 엘리트로서의 출중한 능력을 보여준 첫걸음이었다. 이후 그의 향리로서의 삶은 조선말 문란하기 그지없던 수취체제 속에서 수령과 농민 사이의 갈등을 조정하는 중재자로서의 수완을 발휘하는데 집중되었다. 그 결과 그는 군리와 영리를 지내며 승승장구하였다. 그의 중재자로서의 능력이 더욱 빛을 발하는 시기로서 일시 곤궁했던 집안의 경제력까지 회복시켰다. 그의 중재 능력은 수령과 관찰사를 감탄시켰을 뿐만 아니라 향반층의 지지를 유도하였으며, 농민들 또한 복종하는 마음을 우러나게 하였다.

1888년을 전후하여 전라도는 그동안 겪어보지 못한 대기근으로 인해 굶주린 백성들이 속출하였다. 이 때에도 그는 그동안 축적한 재부를 가난한 농민들을 구휼하기 위해 아낌없이 베풀었다. 이 또한 그의 지혜로운 중재 활동이라 할 수 있다. 당시 수령과 향리들의 잔혹한 수탈로 인해 불만이 팽배한 농민들은 일촉즉발의 상황이었는데, 그러한 사정을 꿰뚫어본 그는 빈민구휼활동을 전개하여 수령과 향리의 폭정에 대한 농민들의 불만을 해소한 것이다.

태인의병의 준비와 활동에 있어서도 그의 중재자로서의 활동은 더욱 돋보였다. 그는 백면서생의 선비들과 함께 '만고충절 춘추대의'의 상징인 최익현을 모시고 의병을 일으켰다. 이때 최익현과 기우만의 담양 용추사 회담을 주선하여 의병연합전선을 도모하였다. 또한 그는 최익현의 위임을 받아 각 군의 수령과 향리들로부터 무기와 전곡을 받을 수 있도록 중재하였다. 태인의병의 해산 후 대마도에 감금되었는데, 당시 최익현 및 홍주9의사의 명분론과 일본 경비대의 현실론 사이에서 그의 중재역할이 두각을 나타냈음은 물론이다. 당시 그는 최익현의 뜻을 받들어 그것을 일본 경비대에 전달하고, 반대로 그들의 요구를 최익현에게 전하여 양자의 소통에 기여하였다.

환국 이후 그는 전북지역 국채보상운동의 중심에 서 있었으며, 최익현의 유소에 담긴 충정을 고종에게 전달하는 대리자 구실에도 충실하였다. 이러한 능력을 파악한 고종은 그의 주도하에 결성된 비밀결사인 독립의군부의 국권 회복 활동을 지원하였다. 그리하여 그는 실질적으로 독립의군부를 결성, 장서운동을 추진하였다. 그의 이른바 '이

최면식이 찬술한 임병찬의 이력사항

문제무以文制武'의 독립운동 방략 역시 중재의 소산이었다. 즉 그의 장서를 통한 외교담판론 역시 한국과 일본의 입장을 조율하는 것이었다. 이처럼 그는 평생동안 중재 엘리트로서의 출중한 능력을 발휘하였다. 이러한 그의 탁월한 중재 능력은 향리 신분에서 그 뿌리를 찾을 수 있을 것이다.

다음으로 그는 기록자로서 돋보이는 충직함을 보여주었다. 그는 방대한 분량의 일기를 남겼는데, 그의 유고집에 다섯 편으로 나뉘어 수록되었다. 그중 「병오창의일기」는 1906년 전라북도에서 일으킨 태인의병의 전말을 기록한 것이고, 일본의 대마도에 감금당한 시기에 쓴 「대마도일기」, 대마도에 감금되었다가 환국한 후 그의 활동을 전해주는 「정미환국일기」, 독립의군부의 결성 과정을 보여주는 「갑인거의일기」, 그리고 거문도의 정배상황을 알려주는 「거문도일기」가 그것이다. 이러한 일기를 통해 그의 구국정신과 고종에 대한 변함없는 충성심 등을 살펴볼 수 있다. 아울러 그의 저술인 「관견」을 통해 그의 원대한 독립운동의 방략을 파악할 수 있으며, 「문답기」에서는 그의 철저한 항일의식을 반추해볼 수 있다. 그는 자신의 활동을 미화하거나 과장하기 위해 일기를 작성한 것은 아니었다. 특정 인물이나 세력, 정파 등을 비판하려는 의도는 더더욱 아니었다. 그저 자신을 둘러싸고 있는 현실을 가감없이 후세에 보여줄 목적이었다. 나라를 되찾기 위한 불굴의 활동을 아는 것은 오늘을 사는 사람들의 의무이리라.

임병찬은 국권을 수호하고 나라를 되찾기 위해 약 10년 동안 전심전력하였다. 이 과정에서 네 번이나 체포되었으며, 대마도와 거문도 등 절해고도에 감금, 유폐되었다가 결국 거문도에서 세상을 떠났다. 그의 충성심과 의리정신은 일본인조차 두렵고 공경해 마지않았다. 물론 그가 동학농민전쟁의 지도자인 김개남 체포에 앞장섰고, 근왕의식에 충실한 복벽주의자로서의 한계도 없지 않다. 하지만 그는 오로지 국가를 보존하고 민생을 안정시키기 위한 활동에 온몸을 바쳤다. 따라서 그는 국가와 민족을 위해 헌신한 호국용護國龍으로 충분히 비유될 수 있다. 이러한 그를 스승인 최익현은 웅크리고 있는 호랑이로 평했으며, 그의 위엄스런 자세는 사나운 호랑이와 같으며 풍채는 봉황과 같다고 평하는 사람도 있었다. 더욱이 평소의 덕행은 사람의 생사를 초월하고, 도를 따르는 이름은 천추에 빛나니 어찌 역사에서 그를 흠양하지 않겠는가 반문하기도 했다. 이제 그는 절해고도 거문도에서 호국의 해신海神이 되어 남해의 푸른 바다를 지키고 있을 것이다.

1851	(철종 2년) 2월 5일(이하 음력) 현 전북 군산시 옥구읍 상평리 남산마을에서 출생
1854	『천자문』 읽기 시작
1855	서당 입문
1856	『자치통감資治通鑑』을 배움
1858	봄 『소학小學』을 읽음. 여름, 병고에 시달림. 9월, 부친을 따라 처음으로 시제에 참여. 재종조再從祖 가문과의 불화를 알게 되어 양가의 화해 성사
1860	봄 『논어』를 배움. 겨울, 『시경』 읽음
1861	봄 『시경』을 마치고 가을에 『상서尚書』 읽음
1862	봄 『주역』을 읽음. 9월, 모친 개성 왕씨 사망
1865	3월 관례를 치르고 임천조씨林川趙氏 준국浚極의 딸과 혼인. 9월 조모 여산 송씨와 12월 부인 조씨 연달아 사망
1866	8월, 전주부의 식년감시式年監試 장원. 가을, 『대학』을 정독. 12월, 여산 송씨 상희祥喜의 딸과 재혼.
1867	가세가 빈한하여 옥구군 형방刑房이 되었음
1868	옥구 예방禮房과 전주 감영 공방工房. 기개와 도량이 매우 높고 문장과 수리에 아주 밝아 도백과 수령들로부터 그 능력을 인정받음
1869	5월 이복 동생 병대 출생. 가을, 전주 감영의 예방
1870	여름 김제 망해사望海寺에서 『대학』 읽음

1871	3월 장자 응철應喆 출생
1872	가을 옥구 호장戶長
1876	흉년이 들자 진휼금賑恤金 200냥 기부
1877	7월 부친 사망하여 옥구 오룡동 장례
1880	정월 차자 능철能喆 출생
1881	겨울 각 산소마다 묘전墓田 설치
1882	겨울 태인군 산내면 영동으로 이거. 옥구의 집은 제각으로 사용
1885	9월 전라우도 암행어사 심상학沈相學을 대신하여 민폐를 막기 위한 계문과 별단 작성
1886	전주 감영의 대동영리大同營吏
1888	2월 동생 병대 무과 전시 급제. 대기근으로 1천 냥 기부, 다시 3천 냥과 조 70석 진휼, 전세와 대동세의 금납화 조처로 농민들의 생활 안정.
1889	봄 도내 유생들의 천거로 거문도 설진별감設鎭別監 임명. 2월, 절충 장군첨지중추부사겸오위장折衝將軍僉知中樞府事兼五衛將 및 3대 추증. 7월, 낙안군수겸순천진관병마첨절제사樂安郡守兼順天鎭管兵馬僉節制使 제수. 8월, 낙안군수로 부임하여 각종 폐막을 바로잡음
1890	3월 1884년 이후의 6만7천여 냥과 쌀 5천8백여 석 등의 읍포 해결. 4월, 전운영轉運營의 포흠을 해결하기 위해 군산진겸관겸사관群山鎭兼官兼査官 특차. 7월, 법성진겸관겸사관法聖鎭兼官兼査官. 9월, 낙안군수 이임, 만인산萬人傘 제작과 거사비去思碑 건립 금지, 낙안군민의 유임 운동.
1891	정월 가묘를 건립하고 위답 마련.
1892	3월 아들 응철 문과의 전시 급제
1893	태인 종송리에서 유교의 여러 학설 탐구

1894	5월 무남영武南營 우영관右領官에 제수되었으나 부임하지 않음. 6월, 영소전靈昭殿을 짓고서 공자 영정 봉안. 12월, 김개남의 체포에 적극 협조
1895	정월 임실군수에 제수되었으나 부임하지 않음. 2월, 궁현동약계弓峴洞約契 결성. 종송리種松里의 주민들이 동학에 물들지 않았음을 인정받아 종성리宗聖里로 개칭. 10월, 명성황후의 흉음을 듣고 복수 방안 강구
1897	2월 전주진위대가 종성리 주민의 사설 군사활동을 빌미로 그를 비롯한 주민들을 체포하여 전주로 압송했다가 석방.
1898	군부대신 심상훈沈相薰이 사균위원査均委員으로 임명하자 사양했으나 전주 옥구 임피 김제 부안 태인 금구 등 7읍 균전위원均田委員으로 활동
1903	대·소가의 노비문서 소각후 속량하고 가솔의 규모에 따라 토지를 분급
1904	정월 거의 통문을 작성했으나 주위의 권고에 따라 중지. 일진회의 친일활동을 막기 위해 태인약장泰仁約長으로서 향약 시행
1905	7월 둘째아들 능철 사망. 10월, 을사늑약의 소식을 듣고 대성통곡, 구국의병을 도모하기로 다짐
1906	정월 최제학이 면암의 편지를 전하며 거의 권유. 2월 이후 다양한 인사들과 만나 거의 방안 논의. 최익현이 종성리 방문, 제자로 입문후 창의에 관한 모든 일을 위임받음. 윤 4월 13일(양력 6. 4) 무성서원에서 창의하여 태인 정읍 순창 곡성 등지를 공략, 23일 최익현 등 13의사 체포되어 일본군 사령부로 압송. 6월, 감금형을 선고받은 후 7월에 대마도 위수영에 감금. 11월 최익현의 사망
1907	정월 황태자의 가례를 명분으로 석방. 3월, 상경하여 최익현의 유소

	및 상소문 전달. 12월, 이평해 김태원 양인영 채영찬 등이 방문하여 창의 문제 논의
1908	정월 전주의 일본 수비대에 의해 체포되어 심문받은 후 석방. 4월, 영광군수에 서임되었으나 부임하지 않음. 7월, 천안헌병대에 체포되어 서울로 압송되어 3차례 심문을 받은 후 10월에 풀려남
1909	7월 송씨 부인 사망
1910	8월 병탄 소식에 격분하여 병환, 은사금 거부
1911	2월 회갑이었으나 망국의 처지를 슬퍼함
1912	9월 공주 유생 이식李栻이 고종의 칙령 전달, 독립의군부 전라남도 순무대장 임명.
1913	정월 전 참판 이인순李寅淳이 밀조密詔 전달, 독립의군부 전라남북도 순무대장 임명. 아들 응철을 서울로 보내어 여러 인사와 접촉하며 상황을 파악. 2월, 독립의군부 전라남북도 순무총장겸사령장관巡撫摠將兼司令長官 임명. 11월, 「관견管見」 저술
1914	2월 거의복국擧義復國할 뜻을 가묘에 고하고 활동 돌입. 독립의군부 육군부장 전라남북도 순무총장 배수. 이명상 이인순 등과 각 도와 각 군의 대표 선정 상의. 5월, 독립의군부 육군참장陸軍參將 배수, 김창식金昌植의 체포로 독립의군부가 발각되자, 총독을 대신한 정무총감과 한국의 독립 문제를 담판. 6월, 경시청에 구금 중 자결을 시도했으나 실패, 거문도 1년 정배형. 7월, 손자 경鏡이 거문도에 와서 시중
1915	정배형 1년 연장
1916	5월 23일(양력 6. 23), 거문도 덕촌 마을에서 운명. 28일, 거문도 제자와 주민들이 덕촌 신당神堂 옆에 빈소 설치. 6월 10일, 거문도를 출발하여 15일 태인 본가에 운구하여 겨울에 회문산 남록에 안장

1928	전북 정읍군 산외면 오공리 하청사河淸祠 배향, 사당 앞에 동의기념 비同義紀念碑 건립
1930	여수 거문도에 비석 세움
1950	6·25전쟁으로 하청사 소실
2013	동상 건립(옥구향교에서 군산근대역사박물관으로 이건)

- 『大韓每日申報』, 『皇城新聞』, 『每日申報』
- 林炳瓚, 『遯軒遺稿』, 1957 ; 『義兵抗爭日記』, 한국인문과학원, 1986.
- 최제학, 『習齋實紀』, 1963.
- 문석환, 『馬島日記』, 독립기념관, 2006.
- 『독립운동사자료집』 2, 독립운동사편찬위원회, 1970.
- 송상도, 『騎驢隨筆』, 국사편찬위원회, 1971 ; 1985.
- 최익현, 『국역 면암집』, 민족문화추진회, 1967 ; 1989.
- 황현, 『매천야록』, 국사편찬위원회, 1955.
- 『전남폭도사』, 전라남도 경무과, 1913 ; 전남일보인서관, 1977.
- 「金在珣 등 4인 판결문」, 경성지방법원, 1913.
- 「田鎔圭 판결문」, 경성지방법원, 1915.
- 「金昌植 외 판결문」, 경성지방법원/경성복심법원, 1915.
- 홍영기 편, 『한말 태인의병 자료집』 I, 순천대 지역개발연구소, 2009.
- 『高等警察要史』 ; 『국역 고등경찰요사』, 류시중 박병원 김희곤 역주, 선인, 2010.
- 홍영기, 『대한제국기 호남의병 연구』, 일조각, 2004.
- 여수항일독립운동사편찬위원회, 『여수항일운동사』, 여수시, 2006.
- 『항일의병장 돈헌 임병찬』, 군산문화원, 2007.
- 오영섭, 『고종황제와 한말의병』, 선인, 2007.
- 권대웅, 『1910년대 국내독립운동』, 독립기념관, 2009.

- 박민영, 『한말 중기의병』, 독립기념관, 2009.
- 홍영기, 『한말 후기의병』, 독립기념관, 2009.
- 여수시사편찬위원회, 『여수시사』 5, 여수시, 2010.
- 박민영, 『대한선비의 표상 최익현』, 독립기념관, 2012.
- 신규수, 「大韓獨立義軍府에 대하여」, 『변태섭박사 화갑기념 사학논총』, 삼영사, 1985.
- ────, 「韓末 民族運動의 一研究─遜軒 林炳瓚을 中心으로─」, 『원불교 사상과 종교문화』 10-11, 원광대 원불교사상연구원, 1987.
- 이상찬, 「대한독립의군부에 대하여」, 『이재룡박사 환력기념 한국사학논총』, 신서원, 1990.
- 신규수, 「日帝下 獨立運動의 一事例 硏究─獨立義軍府「管見」 내용분석을 중심으로─」, 『사학연구』 58·59합집, 1999.
- ────, 「日帝下 獨立義軍府 運動에 관한 硏究」, 『역사와 사회』 22, 원광대, 1999.
- 홍영기, 「1910년대 전남지역의 항일비밀결사」, 『전남사학』 19, 2002.
- 강길원, 「遜軒 林炳瓚의 生涯와 反日鬪爭」, 『전북사학』 28, 2005.
- 신규수, 「遜軒 林炳瓚의 救國運動」, 『역사와 사회』 34, 원광대, 2005.
- 박민영, 「한말 對馬島 被囚 義兵의 幽閉生活」, 『한국독립운동사연구』 27, 2006.
- 박민영, 「한말 義兵의 對馬島 被囚 經緯에 대한 연구」, 『한국근현대사연구』 37, 2006.
- 김상기, 「崔益鉉의 定山 移住와 泰仁義兵」, 『충청문화연구』 7, 2011.
- 이향배, 「愼懼堂 李伐의 國權回復을 위한 義兵活動」, 『한국인물사연구』 15, 2011.
- 홍영기, 「遜軒 林炳瓚과 巨文島 유배생활」, 『海洋文化研究』 7-8합집, 전남대

이순신해양문화연구소, 2012.

• 이성우, 「1910년대 독립의군부의 조직과 활동」, 『歷史學報』 224, 역사학회, 2014.

• 김종수, 「돈헌 임병찬의 생애와 복벽운동」, 『전북사학』 44, 전북사학회, 2014.

ㅈ

독립의군부의 지도자 임병찬

1판 1쇄 인쇄 2016년 12월 9일
1판 1쇄 발행 2016년 12월 20일

글쓴이   홍영기
기   획   독립기념관 한국독립운동사연구소
펴낸이   윤주경
펴낸곳   역사공간
          주소: 04034 서울시 마포구 양화로 11길 18 원오빌딩 4층
          전화: 02-725-8806, 070-7825-9900
          팩스: 02-725-8801, 0505-325-8801
          E-mail: jhs8807@hanmail.net
          등록: 2003년 7월 22일 제6-510호

ISBN 979-11-5707-129-6 03900

• 잘못된 책은 바꿔 드립니다.
• 이 도서의 국립중앙도서관 출판예정도서목록(CIP)은 서지정보유통지원시스템 홈페이지
  (http://seoji.nl.go.kr)와 국가자료공동목록시스템(http://www.nl.go.kr/kolisnet)에서
  이용하실 수 있습니다.(CIP제어번호: CIP2016030794)

역사공간이 펴내는 '한국의 독립운동가들'

독립기념관은 독립운동사 대중화를 위해 향후 10년간 100명의 독립운동가를 선정하여,
그들의 삶과 자취를 조명하는 열전을 기획하고 있다.